에코안다리아로 뜨는
여름 손뜨개 모자

애플민트 지음
혜원 옮김

Contents

p.8-9 파인애플 무늬 모자
A / B

p.10-11 세일러 모자
C / D

p.12-13 나풀나풀한 무늬의 모자
E / F

p.14-15 나뭇잎 무늬 모자
G / H

p.16-17 솔잎뜨기 모자
I / J

p.18-19 구슬뜨기 모자
K / L

p.4 　　　Basic Lesson
p.5-7 　　Point Lesson
p.32 　　　이 책에서 사용한 실 소개
p.60-63 　코바늘뜨기 기초
p.63 　　　그 외 기초 index

p.20-21　　　지그재그 무늬 모자　　　　p.22-23　　　나선무늬 모자

M / N　　　　　　　　　　　　　　　O / P

p.24-25　　　꽃 모자　　　　　　　　　p.26-27　　　다이아몬드 무늬 모자

Q / R　　　　　　　　　　　　　　　S / T

p.28-29　　　보닛풍 모자　　　　　　　p.30-31　　　끌어올려뜨기로 뜬 모자

U / V　　　　　　　　　　　　　　　W / X

Basic Lesson 공통 기초

＊테크노로트 감아서 뜨는 방법

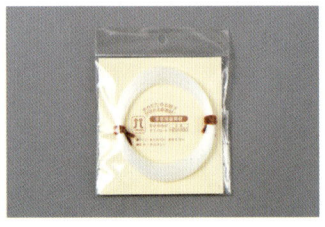

테크노로트
모양을 유지하는 데 사용하는 심 부자재. 실로 감싸서 뜨면 모자의 모양이 잡힌다.

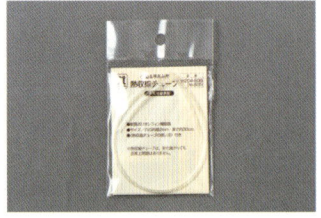

열 수축 튜브
테크노로트 끝부분에 사용하는 튜브. 드라이어 열로 가열해 수축시켜 연결한다.

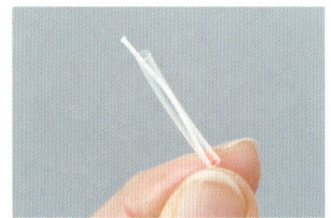

1 열 수축 튜브(약 2.5cm)를 테크노로트에 통과시킨다.

2 테크노로트 끝을 3cm 정도 접어, 바늘 끝이 들어갈 정도의 고리를 만들어 꼬아준다. 드라이어로 열 수축 튜브에 열을 가해 수축시켜 꼭 조인다.

3 기둥코 사슬을 뜨고, 아랫단의 코에 바늘을 넣은 다음 테크노로트 고리에 바늘을 넣는다.

4 바늘에 실을 걸고 화살표 방향으로 빼낸다.

5 다시 바늘에 실을 걸고 한꺼번에 빼낸다.

6 짧은뜨기를 1코 뜬 모습.

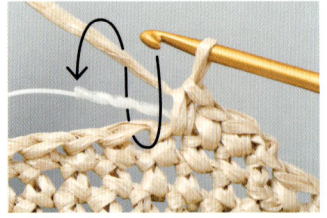

7 테크노로트를 편물에 붙여 화살표처럼 테크노로트를 함께 감싸서 뜨면서, 짧은뜨기를 떠나간다. 사진은 짧은뜨기를 3코 뜬 모습.

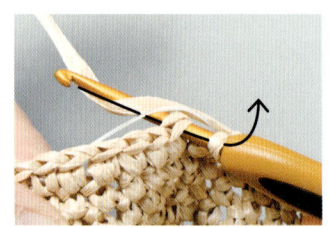

8 다음 단도 테크노로트를 감싸서 뜨는 경우 테크노로트를 다음 단으로 올려서 떠나간다. 우선 단의 마지막 짧은뜨기를 한 뒤, 첫코 짧은뜨기에 바늘을 넣고, 테크노로트를 올린 뒤 바늘 끝에 실을 걸어 빼낸다.

9 코를 빼내면 1단이 완성. 테크노로트도 다음 단으로 올라갔다.

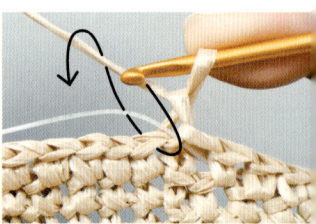

10 계속해서 기둥코 사슬을 뜨고, 아랫단에서와 같은 요령으로 테크노로트를 감싸면서 짧은뜨기를 떠나간다.

 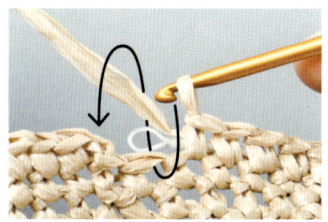  

11 뜨기 끝내기의 5코 앞까지 뜨면, 테크노로트를 남은 코×2배 정도의 길이로 자르고, 뜨기 시작할 때처럼 열 수축 튜브를 통과시킨 뒤, 고리를 만들고 테크노로트 끝을 정리한다.

12 단의 마지막 짧은뜨기는 화살표와 같이 아랫단의 코에 바늘을 넣은 다음 테크노로트 고리에 끼워 짧은뜨기를 한다.

13 마지막 짧은뜨기를 한 모습(왼쪽 사진). 이어서 마지막 빼뜨기를 한다. 오른쪽 사진은 빼뜨기를 한 모습.

14 마지막 단의 뜨기 끝내기에는 사슬을 1코 뜨고 실을 자른다.

✽배색실 바꾸는 방법

 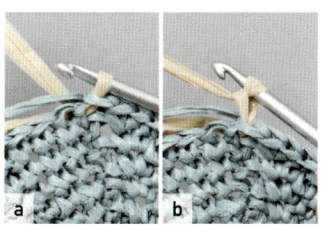 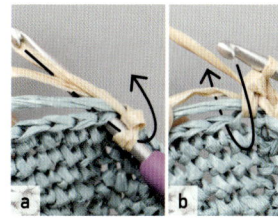 

1 배색실로 바꾸는 단의 아랫단에서 마지막 빼뜨기할 때 바늘에 바탕실을 올리고, 바늘 끝에 배색실을 걸어 화살표처럼 빼낸다.

2 뜨개실을 배색실로 바꾼 모습(**a**). 계속해서 배색실로 기둥코 사슬 1코를 뜨고(**b**), 짧은뜨기를 한다.

3 쉬는 실을 감싸가며 짧은뜨기를 한다(**a**). 짧은뜨기 1코를 뜬 모습(**b**). 계속해서 화살표처럼 바늘을 넣고, 바탕실을 감싸면서 떠나간다.

4 짧은뜨기를 6코 뜬 모습. 이렇게 배색실로 뜨고 바탕실로는 뜨지 않는 경우, 바탕실을 감아가며 배색실로 뜨면 마지막에 실 정리를 하지 않아도 된다.

Point Lesson 포인트 레슨

✽C·D 무늬뜨기 뜨는 방법   Photo … p.10   How to make … p.38

1 사슬 3코로 기둥코를 만들어, 한길긴뜨기 1코를 뜨고 바늘에 실을 걸어 화살표 위치에 한길긴뜨기를 한다.

2 한길긴뜨기를 한 모습.

3 바늘에 실을 걸고 화살표 위치에 한길긴뜨기를 한다.

4 바늘을 넣고 실을 빼내는 모습.

5 한길긴뜨기 교차뜨기를 한 모습.

6 도안대로 계속해서 한길긴뜨기를 2코 뜬다.

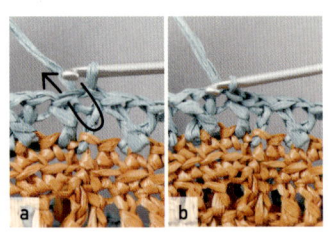

7 1~6을 반복해서 1단을 다 뜨면 (**a**), 화살표 위치에 빼뜨기를 한다(**b**).

8 사슬 5코로 기둥코를 만들고, 아랫단의 화살표 위치에 바늘을 넣어 두길긴뜨기 겉 끌어올려뜨기를 한다.

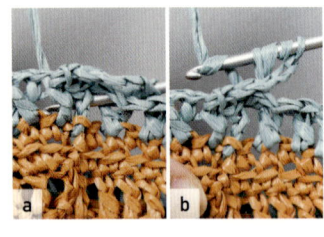

9 바늘을 넣고(**a**), 바늘을 뺀 뒤 실을 건 모습(**b**).

10 두길긴뜨기 겉 끌어올려뜨기를 한 모습.

11 계속해서 한길긴뜨기 3코를 도안대로 뜬다.

12 한길긴뜨기 3코 후엔 바늘에 실을 걸어 화살표 위치에 두길긴뜨기 겉 끌어올려뜨기를 한다.

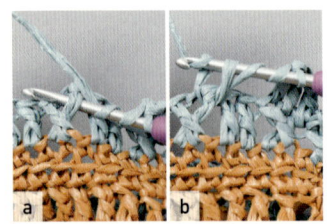

13 바늘을 넣고(**a**), 두길긴뜨기 겉 끌어올려뜨기를 한다(**b**).

14 두길긴뜨기 겉 끌어올려뜨기를 한 모습.

15 두길긴뜨기 겉 끌어올려뜨기 후엔 사슬 1코를 뜨고, 바늘에 실을 걸어 화살표 위치에 두길긴뜨기 겉 끌어올려뜨기를 한다.

16 바늘을 넣은 모습.

 **17** 실을 걸어 빼낸다.

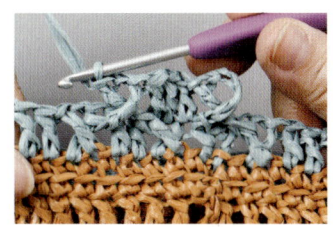 **18** 두길긴뜨기 겉 끌어올려뜨기를 교차해서 뜬 모습.

 **19** 1단을 뜬 모습.

 **20** 여러 단을 뜬 모습.

*C·D 밴드 뜨는 방법   Photo ... p.10   How to make ... p.38

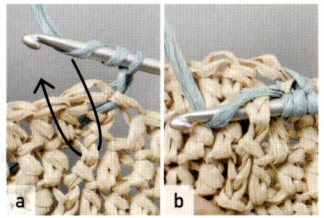 **1** 도안을 참고해서 긴뜨기를 한 뒤 사슬 1코에서 기둥코 바늘에 실을 걸고(**a**), 2단 아랫단의 화살표 위치에 바늘을 넣어 두길긴뜨기 겉 끌어올려뜨기를 한다(**b**).

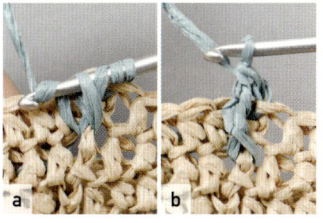 **2** 실을 빼내고(**a**), 두길긴뜨기 겉 끌어올려뜨기를 한 모습(**b**).

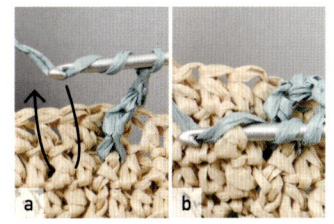 **3** 사슬 1코를 뜨고, 바늘에 실을 걸고(**a**), 화살표 위치에 바늘을 넣고 두길긴뜨기 겉 끌어올려뜨기를 한다(**b**).

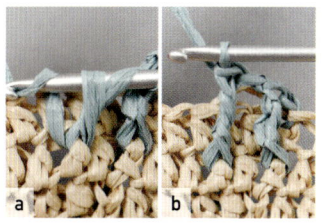 **4** 실을 빼내고(**a**), 두길긴뜨기 겉 끌어올려뜨기를 한 모습(**b**).

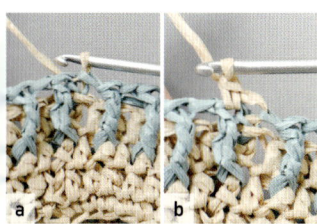 **5** 도안을 참고해서 1단을 뜬 모습(**a**). 실을 바꾸어 사슬 1코로 기둥코 짧은뜨기를 한다(**b**).

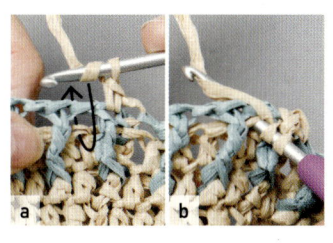 **6** 바늘에 실을 걸고(**a**), 화살표 위치에 바늘을 넣어 아랫단 사슬을 감싸면서 긴뜨기를 한다(**b**).

 **7** 긴뜨기를 한 모습.

 **8** 반복해서 떠서 1단을 완성한 모습.

A —

파인애플 무늬 모자

강한 햇살로부터 얼굴을 보호해주는

챙이 넓은 모자.

파인애플 무늬도 아름다워요.

— B

How to … p.36
Design … 오카모토 게이코
Making … 쓰루 씨의 뜨개 작품

세일러 모자

모양이 근사한
세일러 모자로,
여성스러우면서
멋스러운 인상을 줘요.

C

How to … p.38
Design & Making … 오쿠즈미 레이코

— D

E —

나풀나풀한 무늬의 모자

새하얀 모자는 언제나 상쾌해요.
좋아하는 원피스까지 맞춰 입고
기분 좋은 외출!

F

How to … p.40
Design … 가와이 마유미
Making … 세키야 사치코

나뭇잎 무늬 모자

나뭇잎 무늬의 모자는
크기가 작아서
휴대하기에 안성맞춤.

G

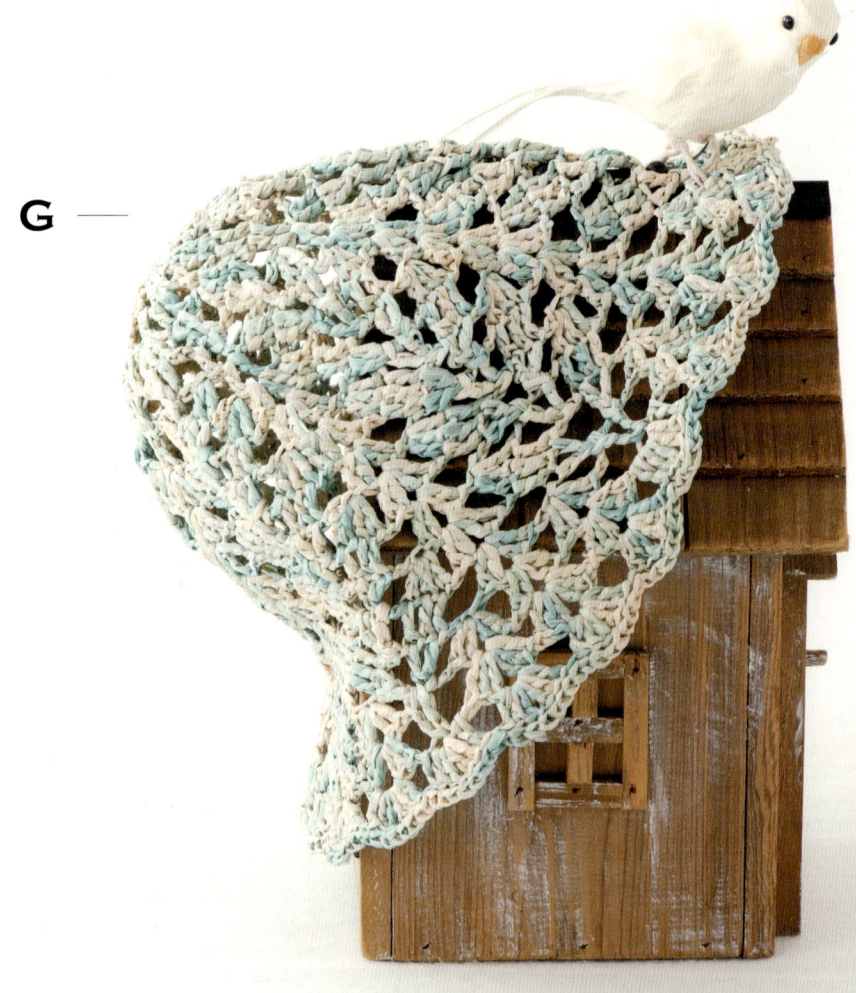

How to … p.42
Design & Making … 오쿠즈미 레이코

— H

I ―

솔잎뜨기 모자

How to … p.44
Design & Making … 고마쓰자키 노부코

— J

파도치는 듯한 독특한 챙이

매력 포인트인 모자.

옆에서 본 실루엣도 아름다워요.

구슬뜨기 모자

에코안다리아 〈크로셰〉 실로 뜬
모자는 대단히 섬세해요.
가볍고 부드러워서 가방에 접어 넣어
가지고 다닐 수 있어요.

—K

How to … p.46
Design & Making … 이케가미 마이

L

지그재그 무늬 모자

개성 있는 무늬의 캉캉 모자는
존재감이 독보적인 코디 포인트!
좋아하는 색으로 배색해서
나만의 특별한 모자로 만들어봐요!

M —

N

How to … p.33
Design … 오카모토 게이코
Making … 오바 아키코

나선무늬 모자

예쁜 비침무늬가 있는
나선무늬의 모자.
흰옷과 아주 잘 어울려요.

How to ⋯ p.48
Design & Making ⋯ 고마쓰자키 노부코

— P

꽃 모자

끌어올려뜨기로 연출한
입체적이고 세련된 꽃무늬 베레모.
일상의 특별한 코디 포인트!

— Q

How to … p.52
Design & Making … 엔도 히로미

— R

다이아몬드 무늬 모자

다이아몬드 무늬 모자는 쓰기 편해 좋아하는 아이템.

챙을 자연스럽게 구부려서

꾸미지 않은 듯 꾸민 멋을 연출해요.

How to … p.50
Design … 가와이 마유미
Making … 세키야 사치코

— T

— U

보닛풍 모자

How to ⋯ p.55
Design & Making ⋯ 이케가미 마이

— v

유럽의 귀족을 떠올리게 하는 보닛풍 모자.
과하지 않은 소녀 감성 디자인으로
평상시 착용하기에도 좋아요.

w —

— x

끌어올려뜨기로 뜬 모자

소용돌이치는 듯한 나선무늬의
디자인이 시선을 사로잡아요.
끌어올려뜨기로 입체감을 주었어요.

How to … p.58
Design … 오카모토 게이코
Making … 쓰루 씨의 뜨개 작품

Material Guide

이 책에서 사용한 실 소개

하마나카

1 에코안다리아
   레이온 100%, 타래 40g, 약 80m, 53색
   코바늘 5/0~7/0호

2 에코안다리아 〈크로세〉
   레이온 100%, 타래 30g, 약 125m, 9색
   코바늘 3/0~4/0호

3 에코안다리아 〈컬러풀〉
   레이온 100%, 타래 40g, 약 80m, 13색
   코바늘 5/0~7/0호

* 1~3번 모두 왼쪽부터
   성분→중량→실 길이→색 수→사용 권장 바늘
* 인쇄물이므로 색상은 다소 다를 수 있습니다.

※사진은 실물 크기

뜨개를 시작하기 전에

● 게이지

게이지란 뜨개코의 크기로, 일정한 사이즈 안에 있는 콧수와 단수를 나타낸다. 사람에 따라 뜨개를 하는 손의 힘이 다르므로 작품과 같은 실·바늘을 사용해도, 게이지의 차이로 완성 사이즈가 달라지는 경우가 있다. 작품과 같은 사이즈로 뜨기 위해서는 표시 게이지에 맞추어야 한다. 가로세로 15cm 크기로 시험 삼아 미리 떠보고, 게이지를 재서 표시 게이지와 다른 경우에는 다음 방법으로 조정해보자.

* 콧수·단수가 표시 게이지보다 많을 때

실을 당겨서 뜨기 때문에 완성 사이즈가 표시보다 작아진다. 지정한 바늘보다 1~2호 굵은 바늘로 떠보자.

* 콧수·단수가 표시 게이지보다 적을 때

실을 느슨하게 잡아서 뜨기 때문에 완성 사이즈가 표시보다 커진다. 지정한 바늘보다 1~2호 가는 바늘로 떠보자.

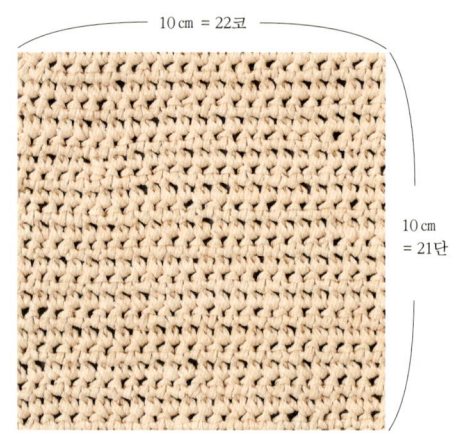

10cm = 22코
10cm = 21단

● 작품의 모양을 잡아주는 방법

작품이 완성되면 모자 안에 수건이나 신문지를 둥글게 만들어 채워 넣은 다음, 편물에서 조금 띄워서 스팀다리미를 골고루 대준다. 작품의 모양을 만들어, 마를 때까지 그대로 두면 모양이 잡힌다.

● 손질법

* 물세탁은 할 수 없다. 작품이 더러워졌을 때는 물기를 꽉 짠 수건 등으로 닦아낸다. 단, 드라이클리닝은 가능.

M, N

Photo … p.20

* 준비물

M : 하마나카 에코안다리아／라이트 브라운(15)…100g, 레트로 옐로(69)…20g

N : 하마나카 에코안다리아／샌드 베이지(169)…100g, 오프화이트(168)…20g

* 바늘

코바늘 5/0호

* 완성 치수

머리둘레 57cm, 높이 9cm

* 뜨는 방법

※지정된 것 외에는 M·N 뜨는 방법 공통

1 윗면부터 뜬다. 실 끝을 원형으로 만들어 짧은뜨기를 6코 떠 넣는다.

2 2단부터는 도안을 참고해서 둥글게 20단을 뜬다.

3 계속해서 옆면을 무늬뜨기 A로 증감 없이 뜬다.

4 이어서 챙을 무늬뜨기 B, 가장자리뜨기로 짧은뜨기를 한다.

5 챙의 무늬뜨기 B에 장식 그물뜨기를 한다.

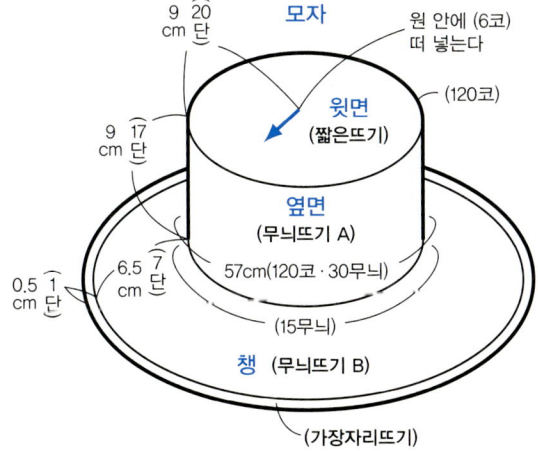

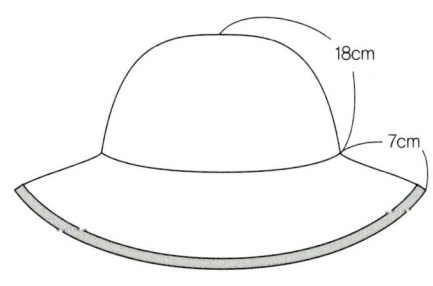

모자

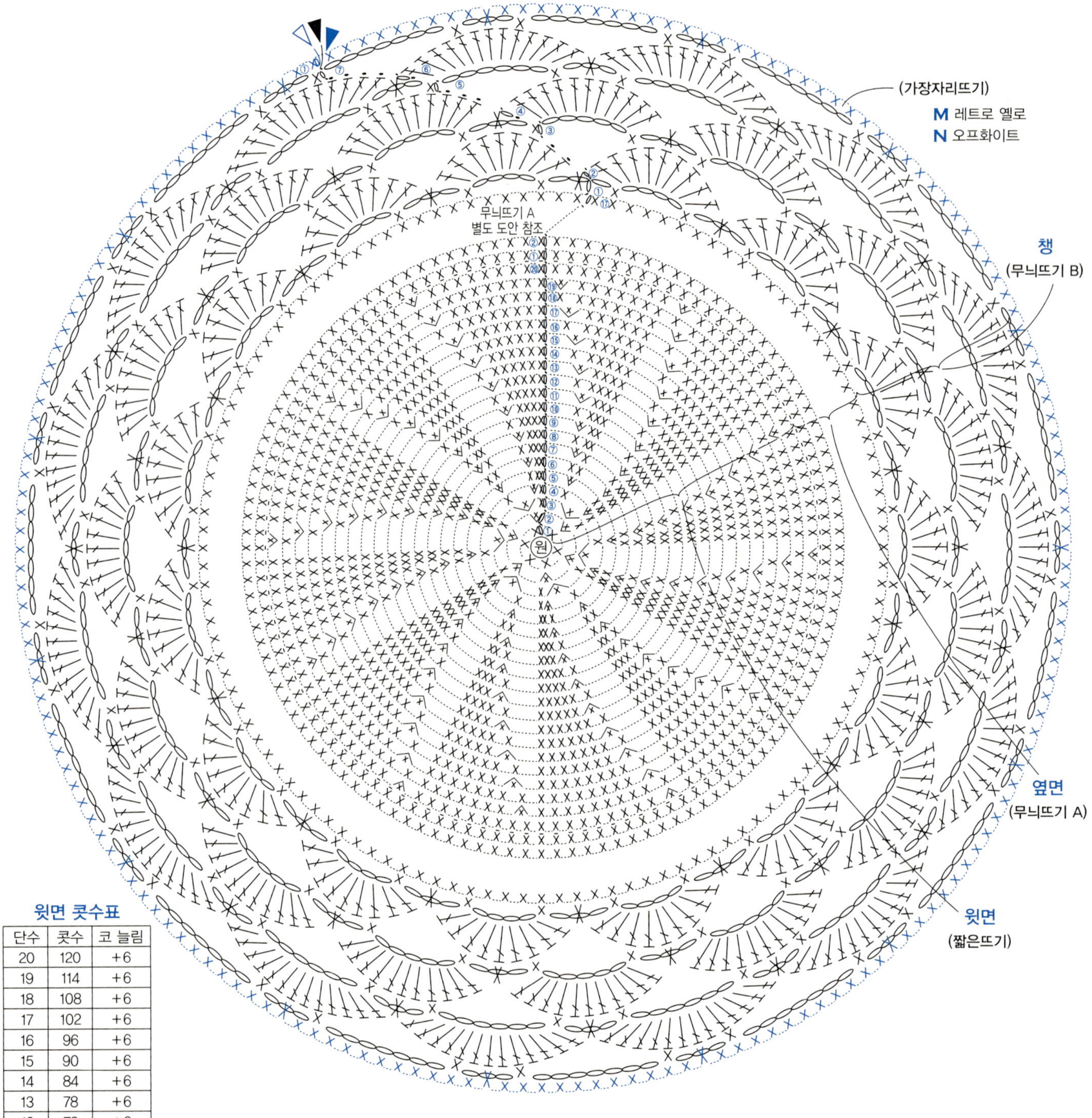

(가장자리뜨기)
M 레트로 옐로
N 오프화이트

챙
(무늬뜨기 B)

무늬뜨기 A
별도 도안 참조

옆면
(무늬뜨기 A)

윗면
(짧은뜨기)

윗면 콧수표

단수	콧수	코 늘림
20	120	+6
19	114	+6
18	108	+6
17	102	+6
16	96	+6
15	90	+6
14	84	+6
13	78	+6
12	72	+6
11	66	+6
10	60	+6
9	54	+6
8	48	+6
7	42	+6
6	36	+6
5	30	+6
4	24	+6
3	18	+6
2	12	+6
1	6	

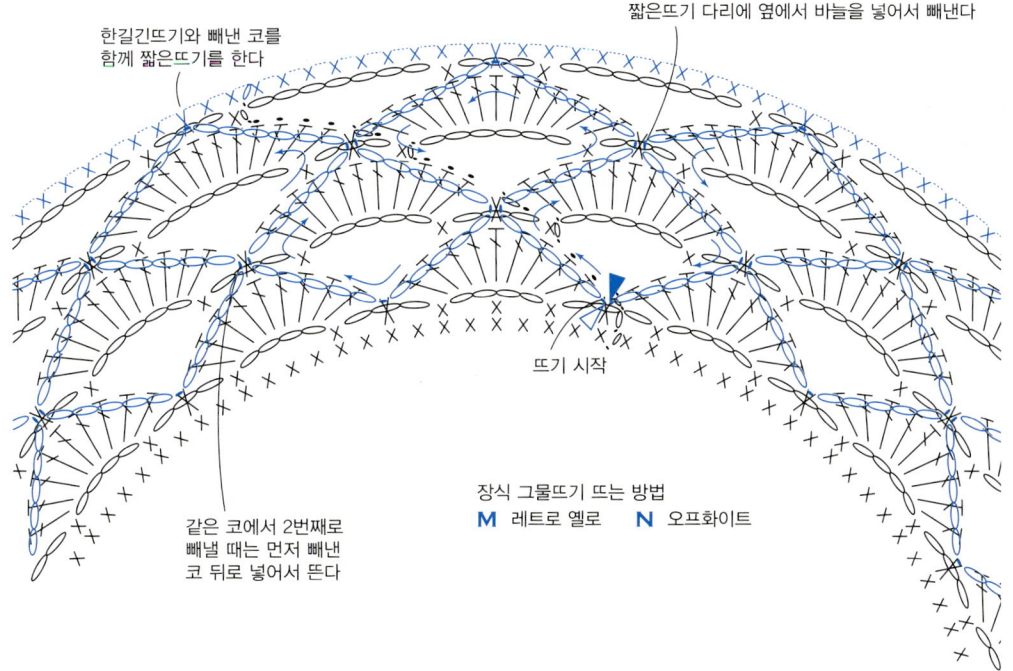

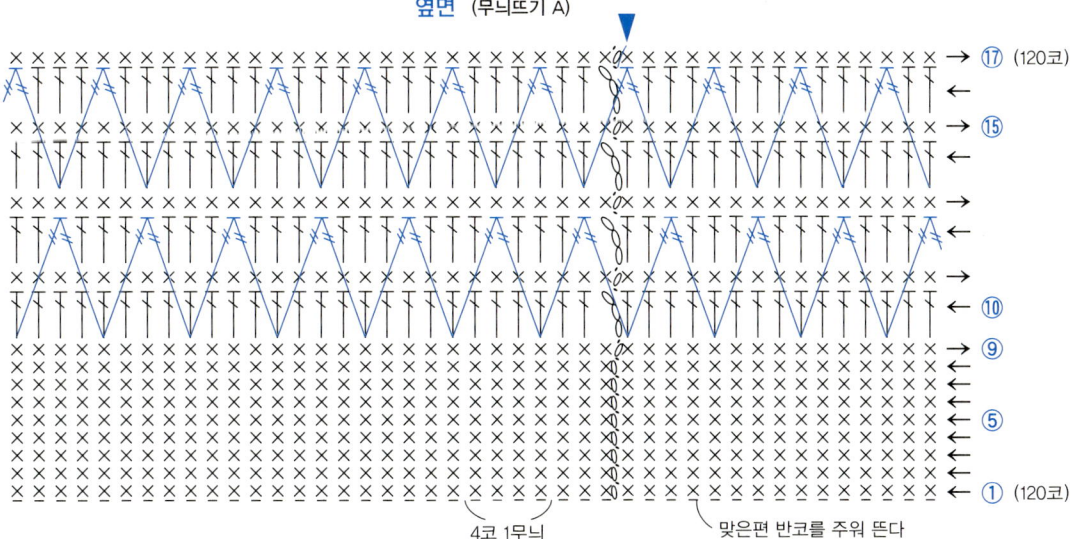

A , B

Photo ... p.8

* 준비물

A : 하마나카 에코안다리아 / 베이지(23)…110g,
하마나카 테크노로트 〈L〉 (H430-058)…150cm,
하마나카 열 수축 튜브(H204-605)…5cm

B : 하마나카 에코안다리아 / 레트로 그린(68)…110g,
하마나카 테크노로트 〈L〉 (H430-058)…150cm,
하마나카 열 수축 튜브(H204-605)…5cm

* 바늘

코바늘 4/0호, 6/0호

* 완성 치수

머리둘레 56cm, 높이 16cm

* 뜨는 방법

※지정된 것 외에는 A·B 뜨는 방법 공통

1 실 끝을 원형으로 만들어 사슬 3코로 기둥코를 만들고, 한길긴뜨기를 15코 떠 넣는다.
2 2단부터는 도안을 참고해서 무늬뜨기 A로 크라운을 뜬다.
3 계속해서 챙을 무늬뜨기 B로 뜬다.
4 가장자리뜨기는 테크노로트를 대고 감아가면서 짧은뜨기를 한다.
5 사이즈 조절 끈을 뜬다. 56cm(약 110코) 떠서 원형을 만들어, 크라운 12단 안쪽에 꿰맨다.

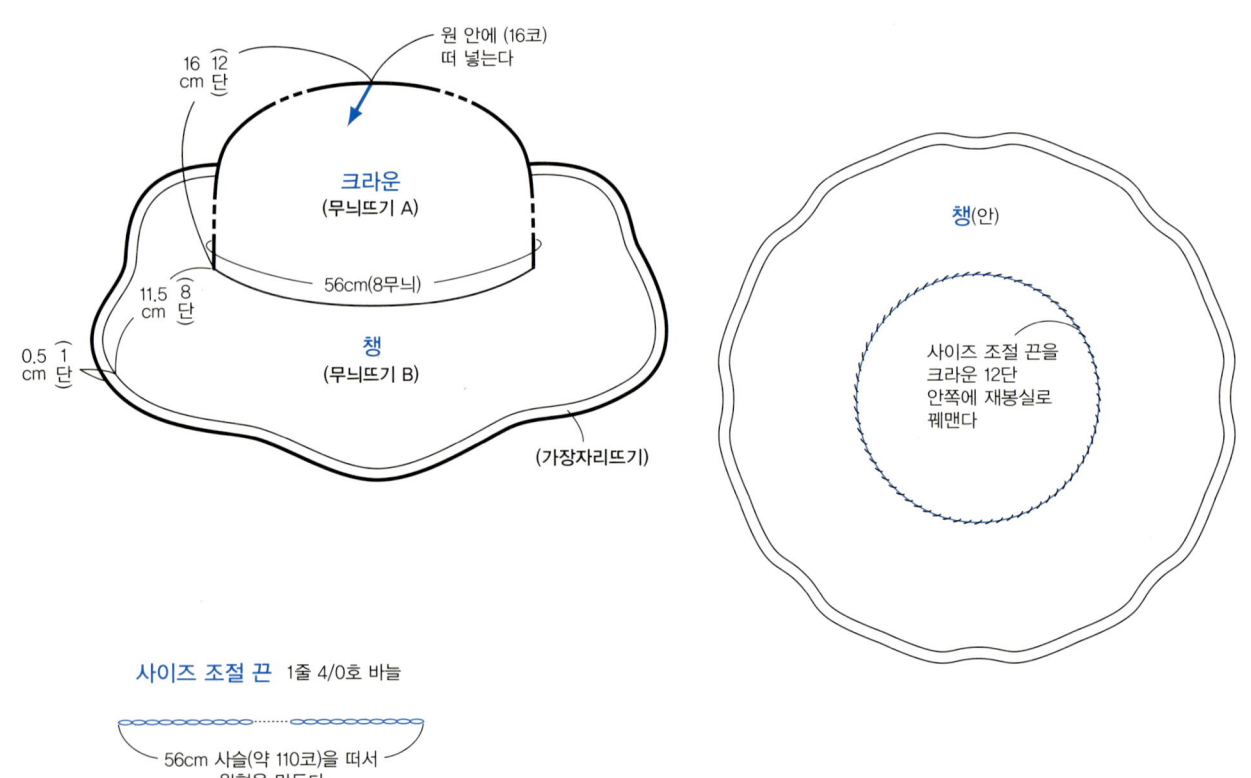

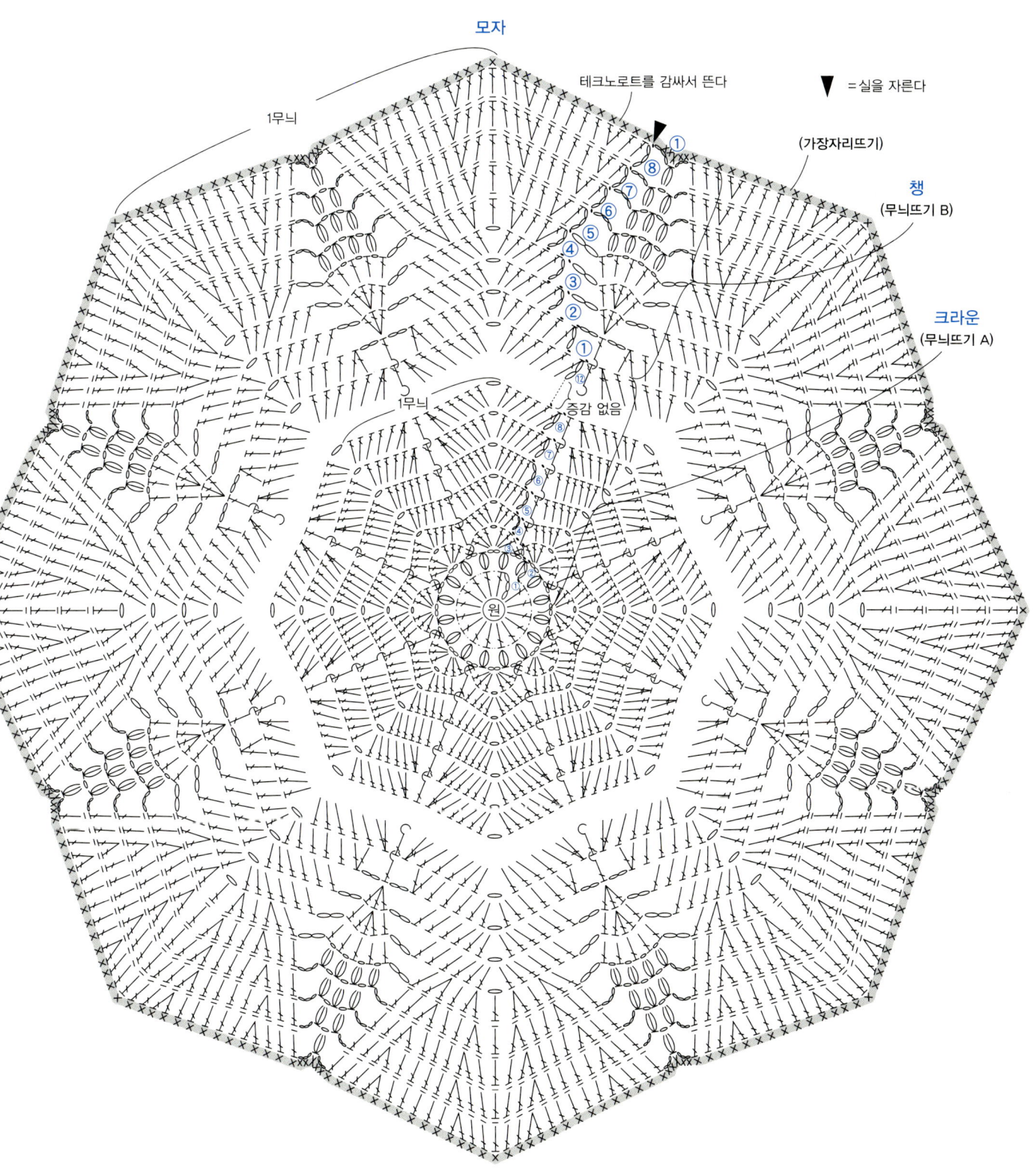

C, D

Photo & Point Lesson ... p.10, p.5

∗ 준비물

C : 하마나카 에코안다리아／라이트 그레이 (148)…120g, 내추럴(42)…5g,
하마나카 테크노로트(H204-593)…120cm,
하마나카 열 수축 튜브(H204-605)…5cm
D : 하마나카 에코안다리아／올리브(61)…120g, 스카이 블루(41)…5g,
하마나카 테크노로트(H204-593)…120cm,
하마나카 열 수축 튜브(H204-605)…5cm

∗ 바늘
코바늘 6/0호

∗ 완성 치수
머리둘레 57cm, 높이 19.5cm

∗ 뜨는 방법
※지정된 것 외에는 **C·D** 뜨는 방법 공통
1 윗면부터 뜬다. 사슬 6코 시작코를 뜨고, 사슬 뒷산을 주워 짧은뜨기를 한다.
2 이어서 시작코의 남은 2가닥을 주워 한길 긴뜨기를 한다.
3 도안을 참고하여, 양옆에서 코를 늘리면서 둥글게 무늬뜨기 A로 뜬다.
4 계속해서 옆면을 무늬뜨기 B, 밴드 부분을 무늬뜨기 C로 뜬다.
5 챙은 무늬뜨기 B'로 뜬다.
6 가장자리뜨기 1단은 테크노로트를 대고 감아가면서 짧은뜨기를 하고, 빼뜨기 1단을 뜬다.

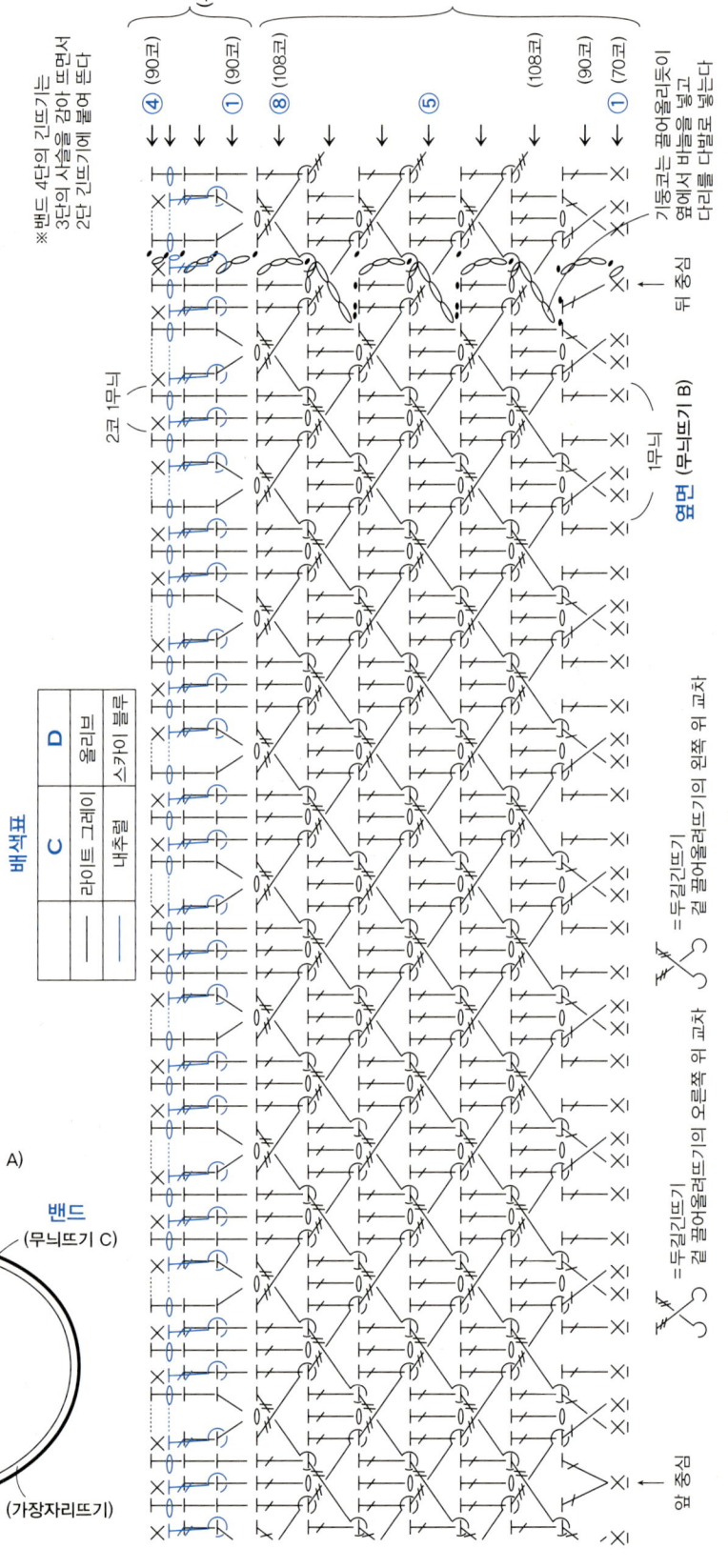

배색표	C	D
─	라이트 그레이	올리브
─	내추럴	스카이 블루

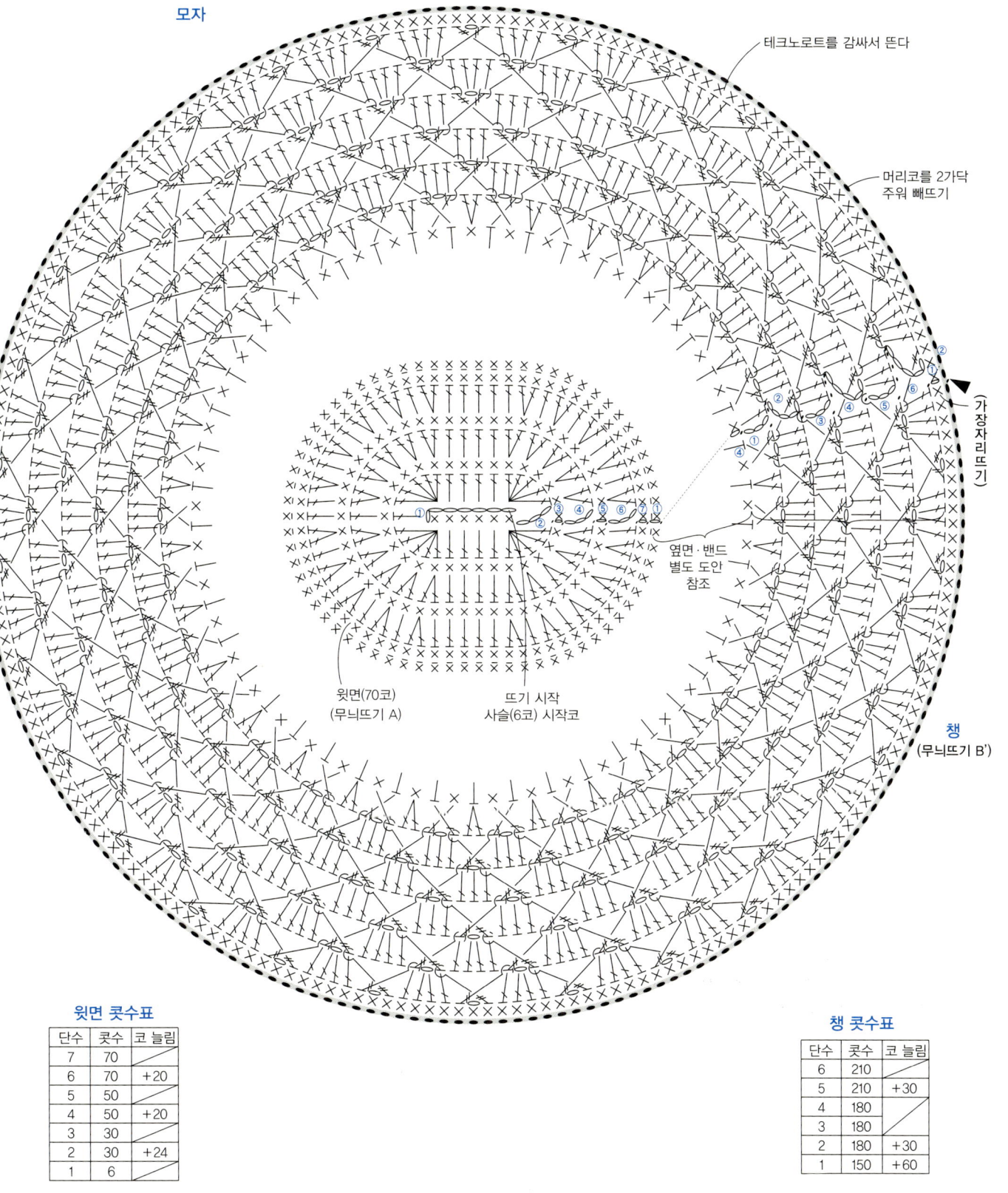

윗면 콧수표		
단수	콧수	코 늘림
7	70	
6	70	+20
5	50	
4	50	+20
3	30	
2	30	+24
1	6	

챙 콧수표		
단수	콧수	코 늘림
6	210	
5	210	+30
4	180	
3	180	
2	180	+30
1	150	+60

E, F

Photo ... p.12

* 준비물

E : 하마나카 에코안다리아／오프화이트(168)…90g

F : 하마나카 에코안다리아／라임 옐로(19)…90g

* 바늘

코바늘 5/0호

* 완성 치수

머리둘레 56cm, 높이 18cm

* 뜨는 방법

※지정된 것 외에는 E·F 뜨는 방법 공통

1 실 끝을 원형으로 만들어 한길긴뜨기 10코를 떠 넣는다.

2 2단부터는 도안을 참고해 무늬뜨기로 둥글게 크라운과 챙을 뜬다.

3 끈은 사슬뜨기를 280코 뜨고, 챙 1단에 끼워서 묶는다.

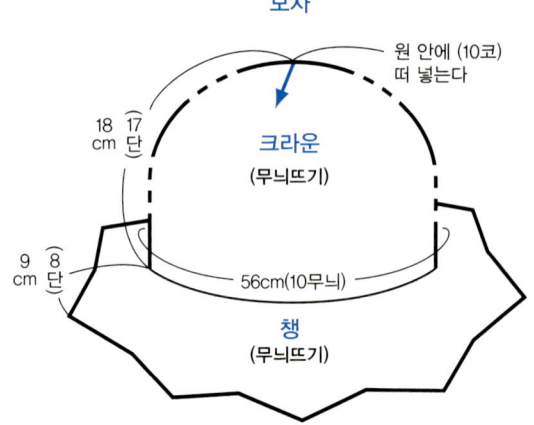

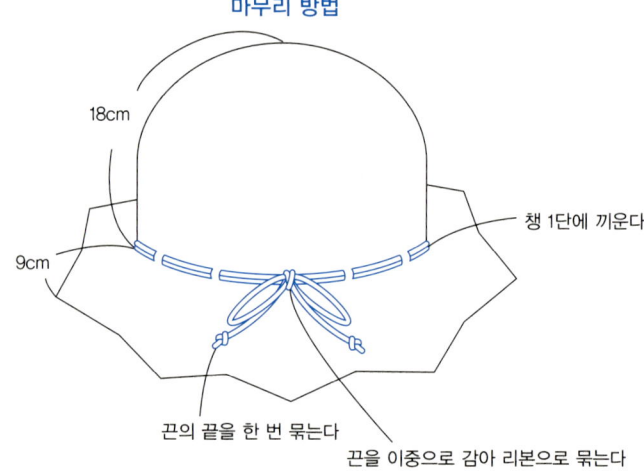

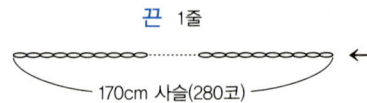

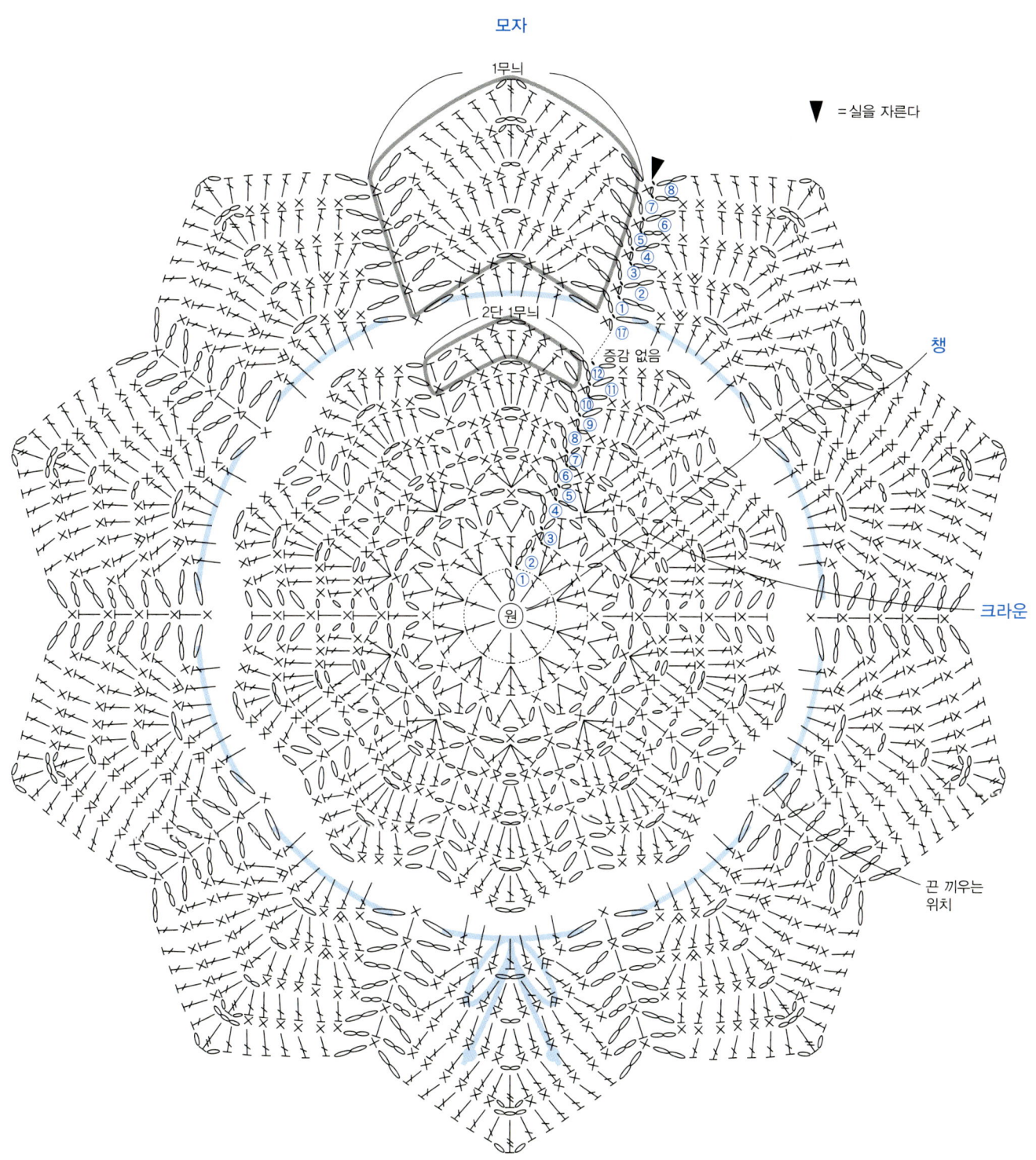

G, H

Photo ... p.14

* 준비물
G : 하마나카 에코안다리아 〈컬러풀〉／베이지 그린(232)…65g
H : 하마나카 에코안다리아／그레이시 핑크(54)…65g

* 바늘
코바늘 6/0호

* 완성 치수
머리둘레 57cm, 높이 19cm

* 뜨는 방법
※ 지정된 것 외에는 G·H 뜨는 방법 공통
1 실 끝을 원형으로 만들어, 짧은뜨기 6코를 떠 넣는다.
2 2단부터는 도안을 참고해서 무늬뜨기로 둥글게 크라운과 챙을 뜬다.
3 가장자리뜨기는 빼뜨기 줄기뜨기로 한다.

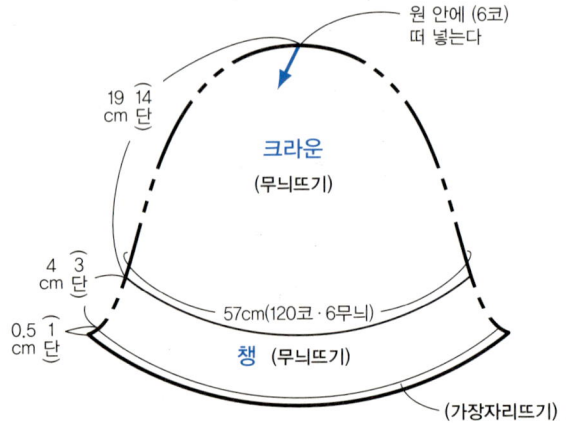

	단수	콧수	코 늘림
챙	3	192	+24
	2	168	+24
	1	144	+24
크라운	14〜10	120	
	9	120	+12
	8	108	
	7	108	+12
	6	96	+36
	5	60	+6
	4	54	+12
	3	42	+24
	2	18	+12
	1	6	

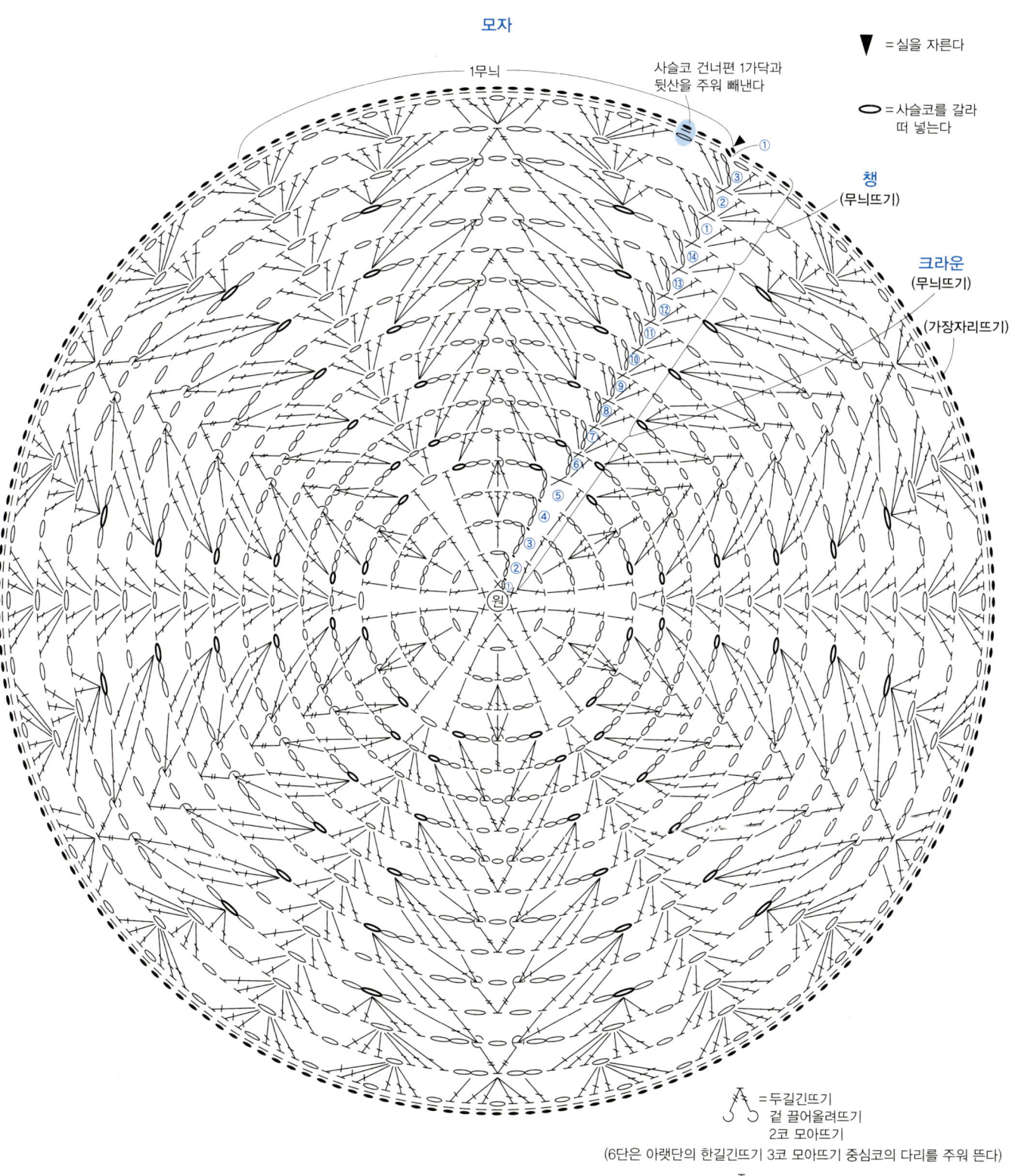

I, J

Photo … p.16

* 준비물

I : 하마나카 에코안다리아／커피 브라운(16)…130g,
하마나카 테크노로트(H204-593)…140cm,
하마나카 열 수축 튜브(H204-605)…5cm

J : 하마나카 에코안다리아／베이지(23)…110g,
하마나카 테크노로트(H204-593)…140cm,
하마나카 열 수축 튜브(H204-605)…5cm

* 바늘

코바늘 6/0호

* 완성 치수

머리둘레 58cm, 높이 16cm

* 뜨는 방법

※지정된 것 외에는 I·J 뜨는 방법 공통

I 작품
1 실 끝을 원형으로 만들어, 짧은뜨기를 6코 떠 넣는다.
2 2단부터는 도안을 참고해서 짧은뜨기로 크라운을 32단 뜬다.
3 챙은 무늬뜨기(J 작품과 공통)로 코 늘리기를 하면서 뜬다.
4 가장자리뜨기는 짧은뜨기로 테크노로트를 감아가면서 뜬다.

J 작품
1 실 끝을 원형으로 만들어, 짧은뜨기를 6코 떠 넣는다.
2 2단부터는 도안을 참고해서 무늬뜨기로 둥글게 크라운과 챙을 뜬다.
3 챙의 마지막 단은 짧은뜨기로 테크노로트를 감아가면서 뜬다.

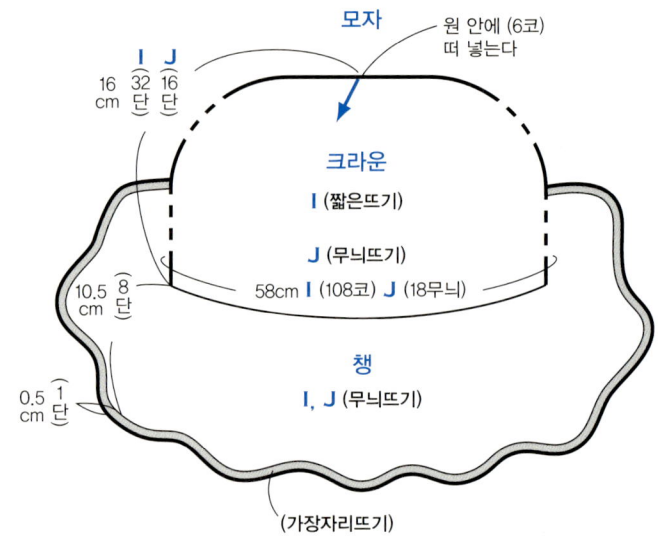

〈I〉크라운 콧수표

단수	콧수	코 늘림
32〜20	108	
19	108	+6
18	102	
17	102	+6
16	96	+6
15	90	+6
14	84	+6
13	78	+6
12	72	+6
11	66	+6
10	60	+6
9	54	+6
8	48	+6
7	42	+6
6	36	+6
5	30	+6
4	24	+6
3	18	+6
2	12	+6
1	6	

〈I〉모자

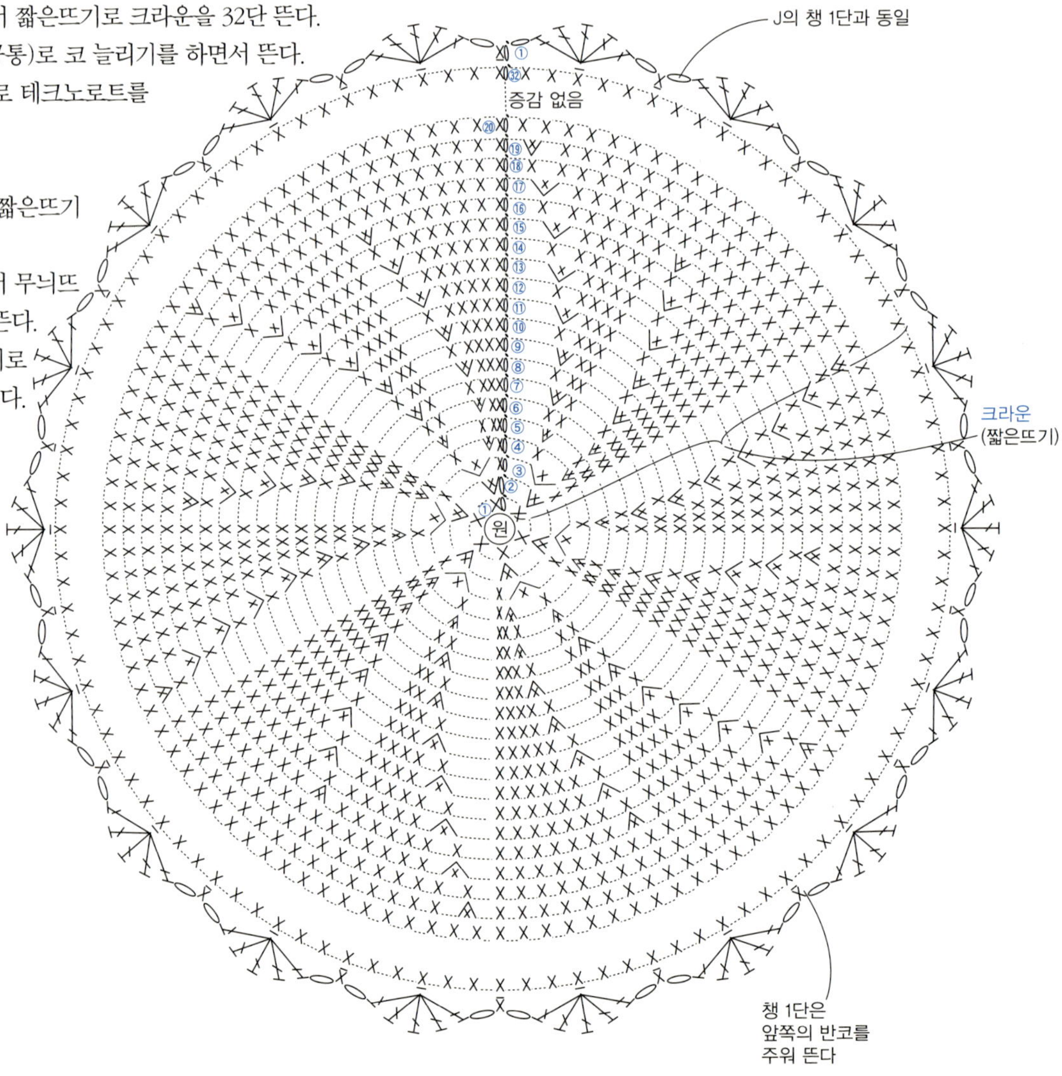

챙 1단은 앞쪽의 반코를 주워 뜬다

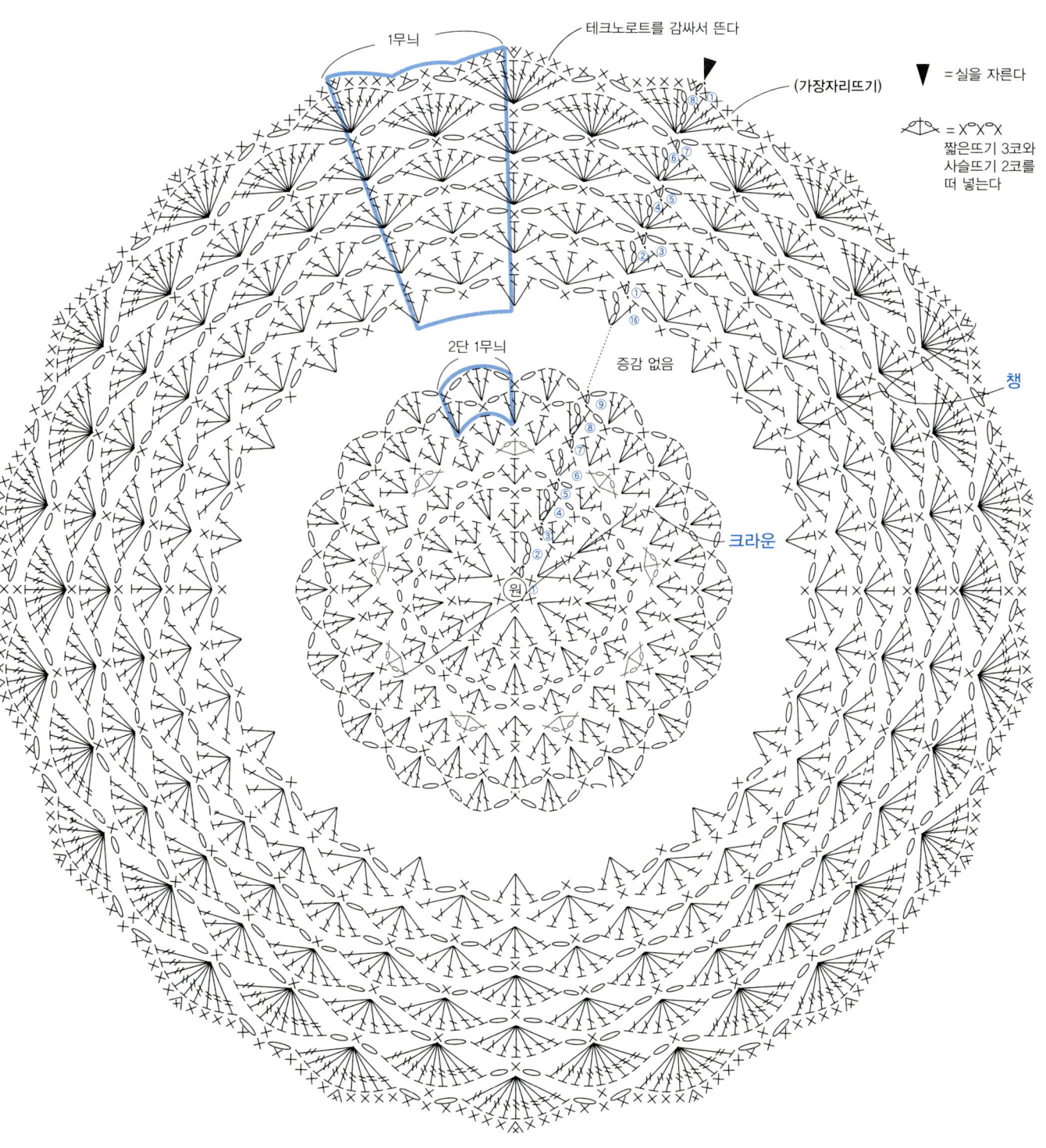

K , L

Photo ... p.18

* **준비물**

K : 하마나카 에코안다리아 〈크로셰〉／샌드 베이지(802)…60g
L : 하마나카 에코안다리아 〈크로셰〉／네이비(810)…55g, 핑크(808)…10g

* **바늘**

코바늘 4/0호

* **완성 치수**

머리둘레 58cm, 높이 17.5cm

* **뜨는 방법**

※지정된 것 외에는 K·L 뜨는 방법 공통

1 실 끝을 원형으로 만들어, 한길긴뜨기를 16코 떠 넣는다.
2 2단부터는 도안을 참고해서 무늬뜨기로 둥글게, L은 배색하면서 크라운과 챙을 뜬다.
3 끈은 뜨기 시작과 뜨기 끝내기에 사슬 3코 피코를 만들고, 사슬 360코를 떠서 크라운에 끼워 감아 돌려서 묶는다.

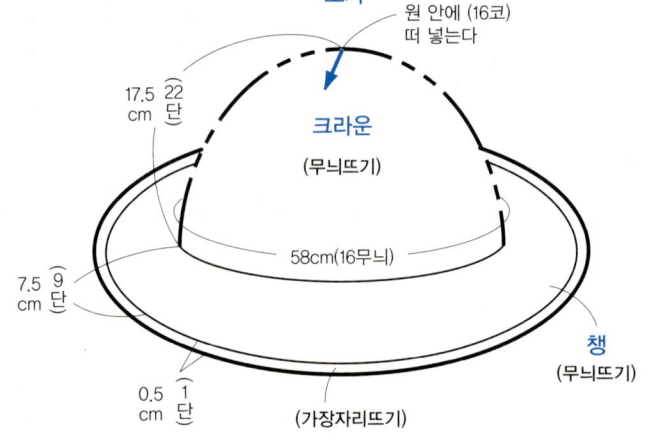

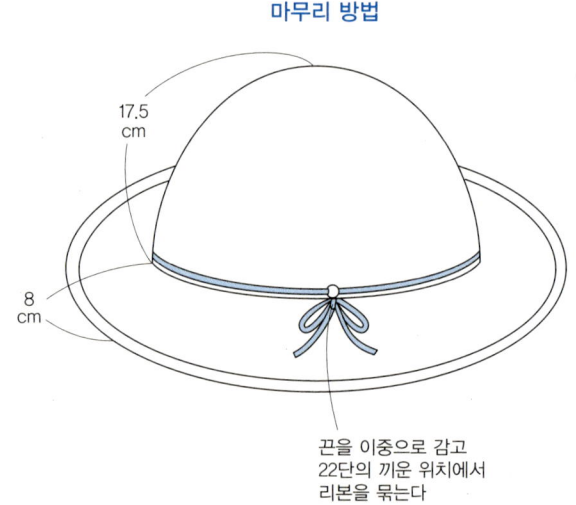

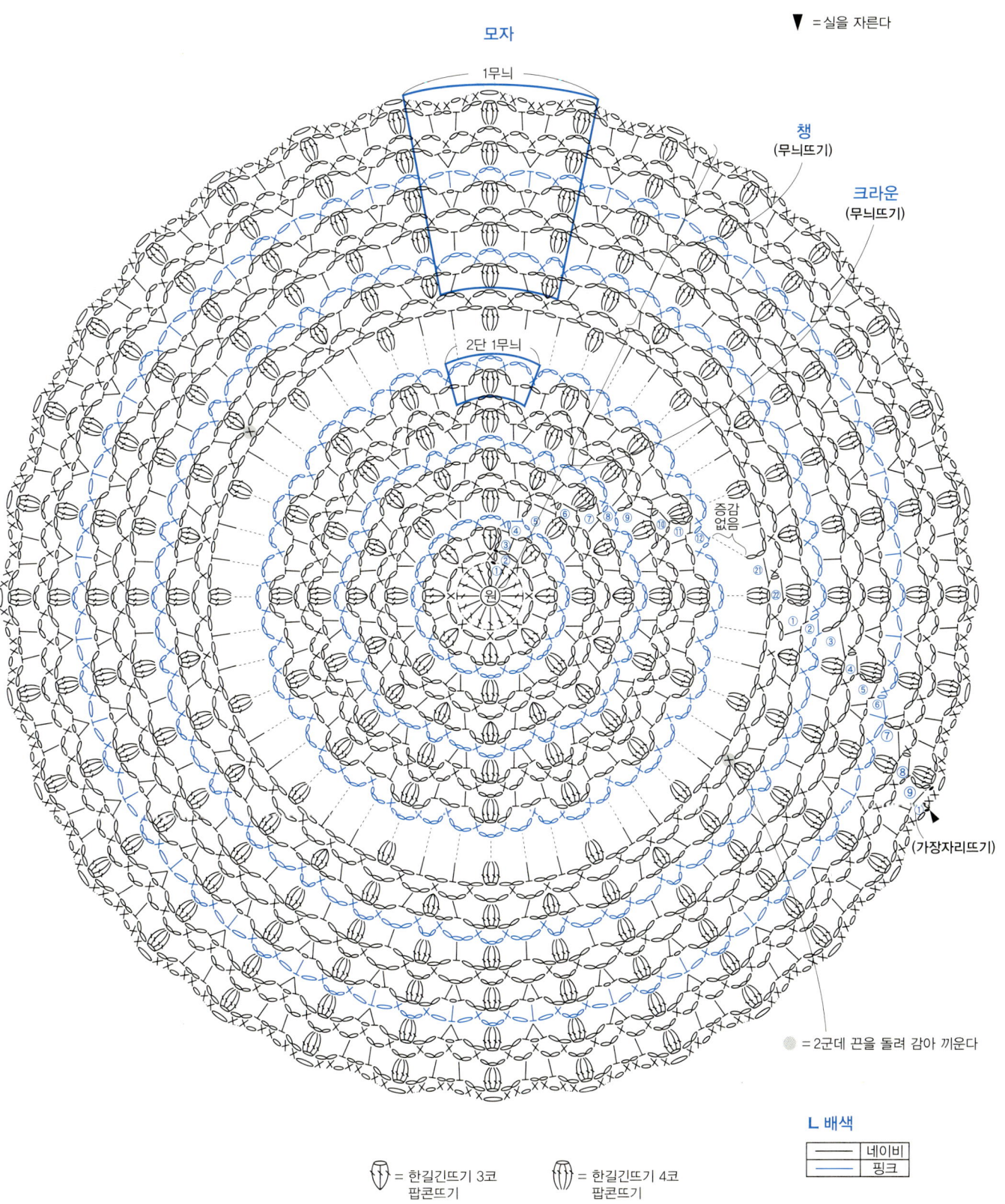

O, P

Photo ... p.22

* 준비물
O : 하마나카 에코안다리아／라임 옐로(19)…120g
P : 하마나카 에코안다리아／네이비(57)…120g

* 바늘
코바늘 4/0호, 6/0호

* 완성 치수
머리둘레 58cm, 높이 16cm

* 뜨는 방법
※지정된 것 외에는 O·P 뜨는 방법 공통
1 실 끝을 원형으로 만들어, 짧은뜨기를 6코 떠 넣는다.
2 2단부터는 도안을 참고해서 짧은뜨기로 둥글게 크라운을 뜬다.
3 챙은 무늬뜨기로 코를 늘리면서 뜬다.
4 끈은 사슬뜨기를 275코 떠서 크라운에 감아 묶는다.

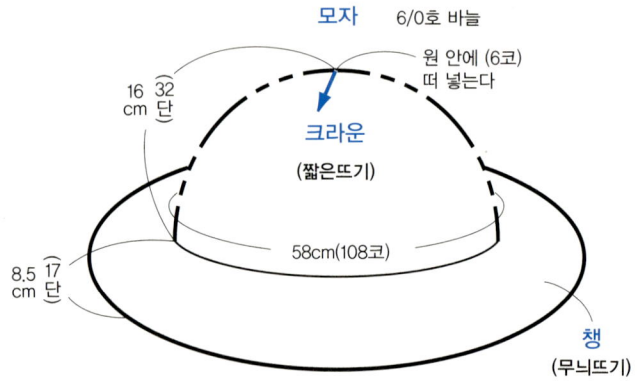

	단수	콧수	코 늘림
챙	17	204	
	16	204	+12
	15	192	
	14	192	+12
	13	180	
	12	180	+12
	11	168	
	10	168	+12
	9	156	
	8	156	+12
	7	144	
	6	144	+12
	5	132	
	4	132	+12
	3	120	
	2	120	+12
	1	108	
크라운	32~20	108	
	19	108	+6
	18	102	
	17	102	+6
	16	96	+6
	15	90	+6
	14	84	+6
	13	78	+6
	12	72	+6
	11	66	+6
	10	60	+6
	9	54	+6
	8	48	+6
	7	42	+6
	6	36	+6
	5	30	+6
	4	24	+6
	3	18	+6
	2	12	+6
	1	6	

끈 1줄 4/0호 바늘

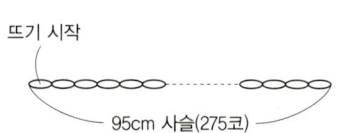

95cm 사슬(275코)

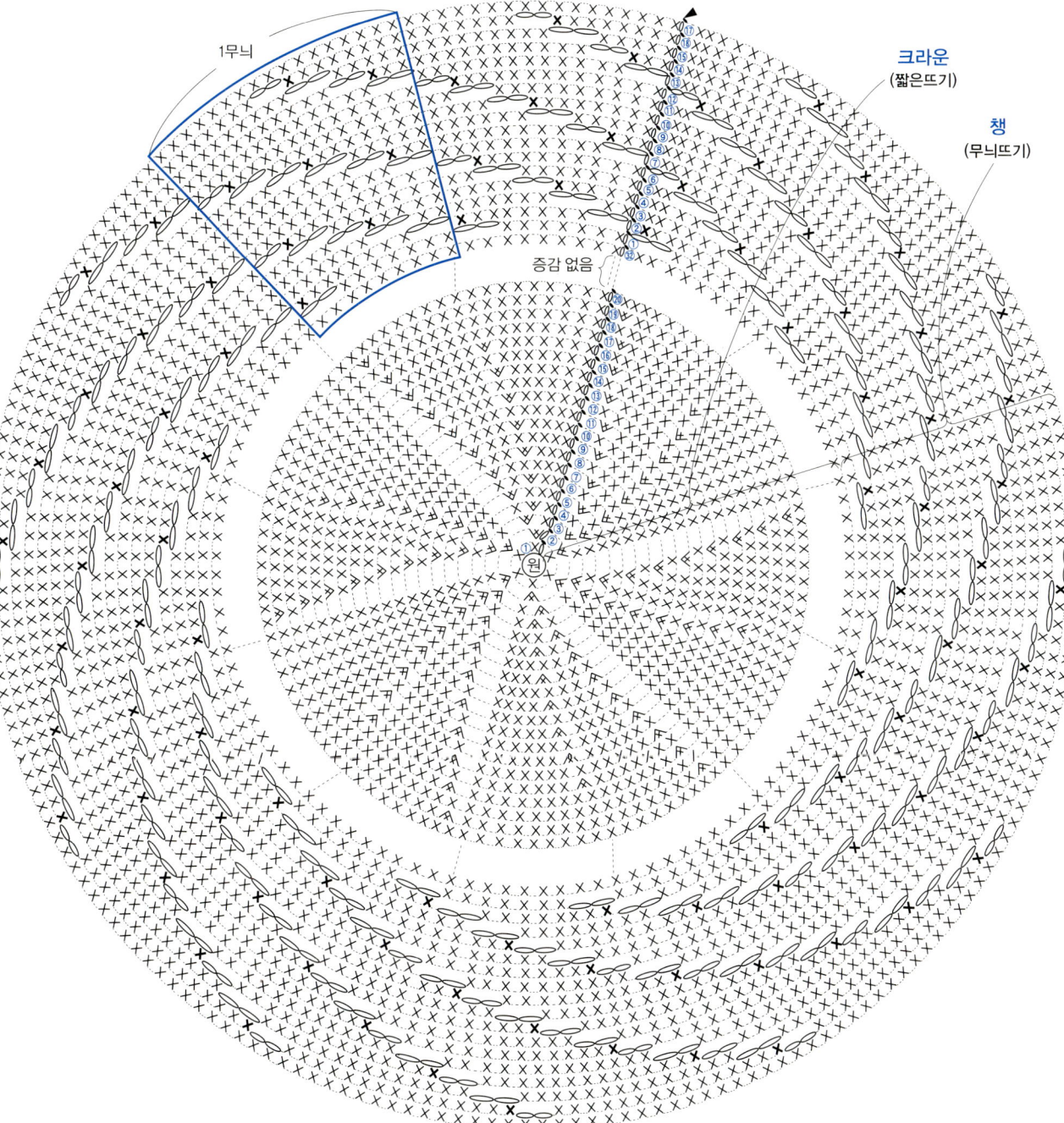

S, T

Photo ... p.26

* 준비물

S : 하마나카 에코안다리아／브라운(159)…100g,
하마나카 테크노로트(H204-593)…103cm,
하마나카 열 수축 튜브(H204-605)…5cm
T : 하마나카 에코안다리아／베이지(23)…100g,
하마나카 테크노로트(H204-593)…103cm,
하마나카 열 수축 튜브(H204-605)…5cm

* 바늘

코바늘 5/0호

* 완성 치수

머리둘레 53cm, 높이 17cm

* 뜨는 방법

※지정된 것 외에는 **S·T** 뜨는 방법 공통

1 실 끝을 원형으로 만들어, 짧은뜨기를 8코 떠 넣는다.
2 2단부터는 도안을 참고해서 무늬뜨기로 둥글게 크라운과 챙을 뜬다.
3 챙 마지막 단은 테크노로트를 대고 감아가면서 뜬다.
4 끈은 사슬뜨기를 300코 떠서 크라운에 감은 뒤 묶는다.

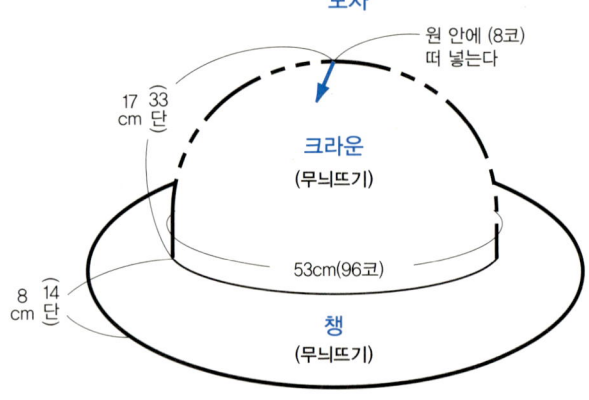

본체 콧수표

	단수	콧수	코 늘림
챙	14〜11	176	
	10	176	+16
	8·9	160	
	7	160	+16
	5·6	144	
	4	144	+16
	3	128	
	2	128	+16
	1	112	+16
크라운	33〜16	96	
	15	96	+16
	14	80	
	13	80	+16
	12〜10	64	
	9	64	+16
	7·8	48	
	6	48	+8
	5	40	+8
	4	32	+8
	3	24	+8
	2	16	+8
	1	8	

⌒ 는 1코로 센다

마무리 방법

끈 1줄
뜨기 시작
180cm 사슬(300코)

모자

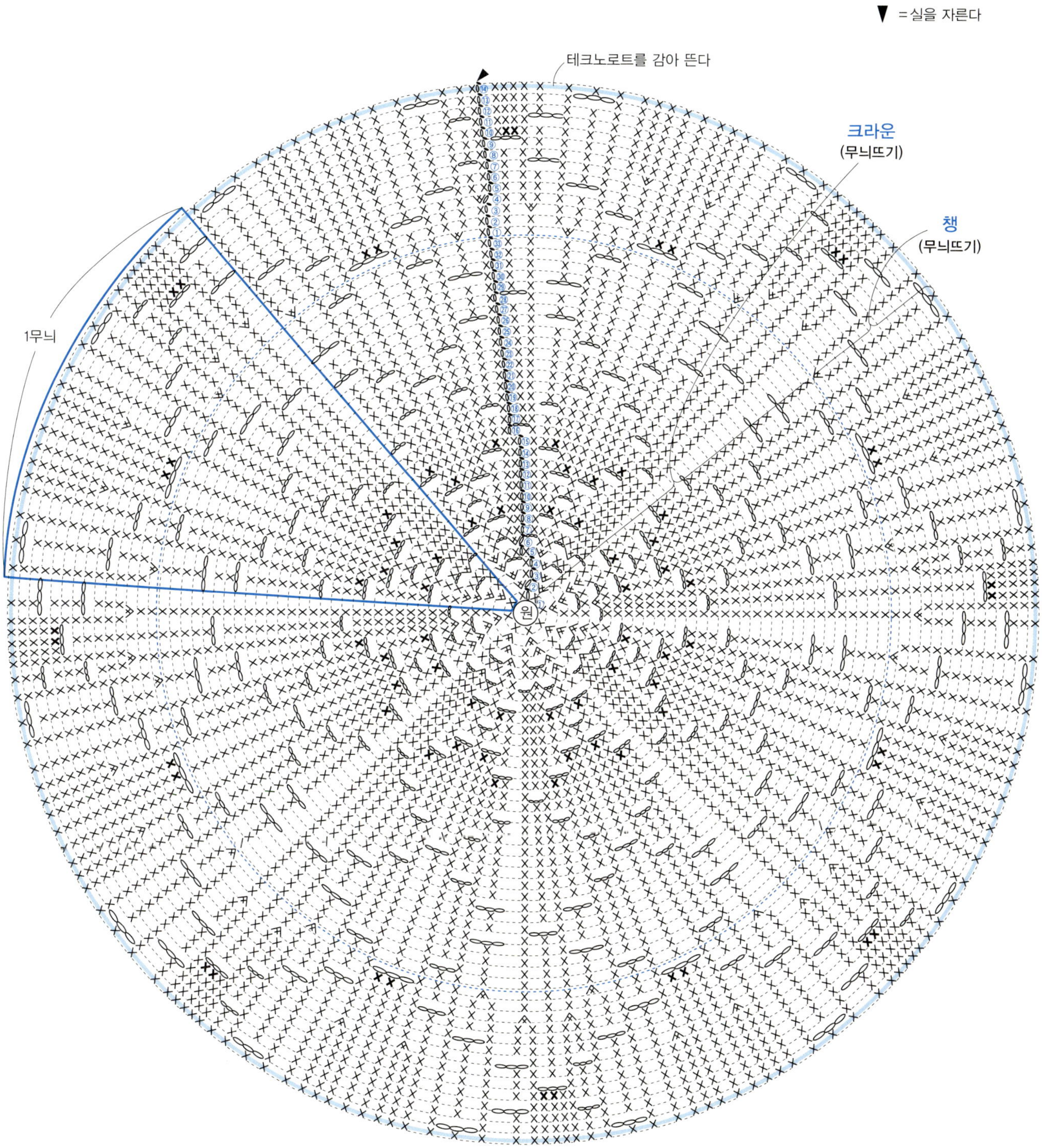
▼ =실을 자른다
테크노로트를 감아 뜬다
크라운
(무늬뜨기)
챙
(무늬뜨기)
1무늬
원

Q, R

Photo ... p.24

* 준비물

Q : 하마나카 에코안다리아 / 오프화이트(168)…80g, 내추럴(42)…55g

R : 하마나카 에코안다리아 / 레트로 옐로(69)…135g

* 바늘

코바늘 6/0호

* 완성 치수

머리둘레 56cm, 높이 23.5cm

* 뜨는 방법

※ 지정된 것 외에는 Q·R 뜨는 방법 공통

1 실 끝을 원형으로 만들고, 사슬 3코로 기둥코를 만든 뒤 한길긴뜨기 15코를 떠 넣는다.

2 2단부터는 도안을 참고해서 무늬뜨기로 둥글게 크라운을 뜬다. Q는 배색하면서, R은 한 가지 색으로 뜬다.

3 가장자리뜨기를 한길긴뜨기 겉 끌어올려뜨기로 뜬다.

4 구슬뜨기로 장식을 떠서 중심에 붙인다.

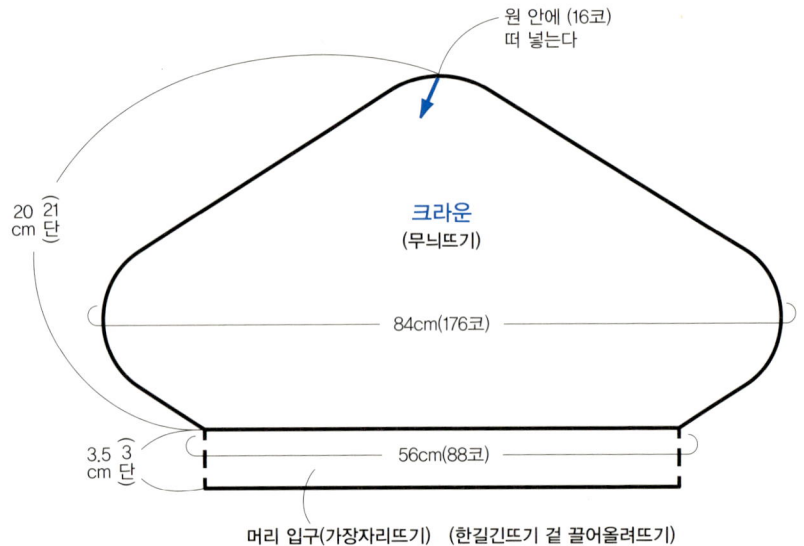

크라운 콧수표

Q	단수	콧수	코 증감
내추럴	21	88	−24
	20	112	−16
	19	128	−16
	18	144	−16
	17	160	−16
오프화이트	16〜14	176	
	13	176	+16
	12	160	+16
	11	144	
	10	144	+16
	9	128	+16
	8	112	+16
	7	96	+8
	6	88	+16
	5	72	+16
내추럴	4	56	+16
	3	40	+16
	2	24	+8
	1	16	

※ R은 레트로 옐로 한 색으로 뜬다

마무리 방법

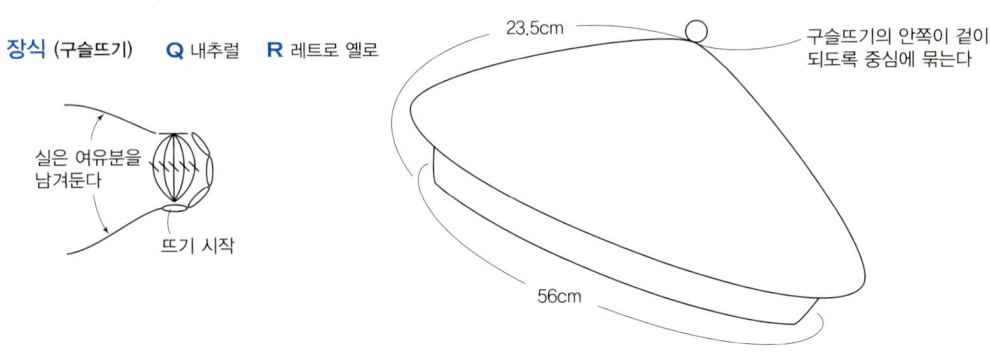

장식 (구슬뜨기)   Q 내추럴   R 레트로 옐로

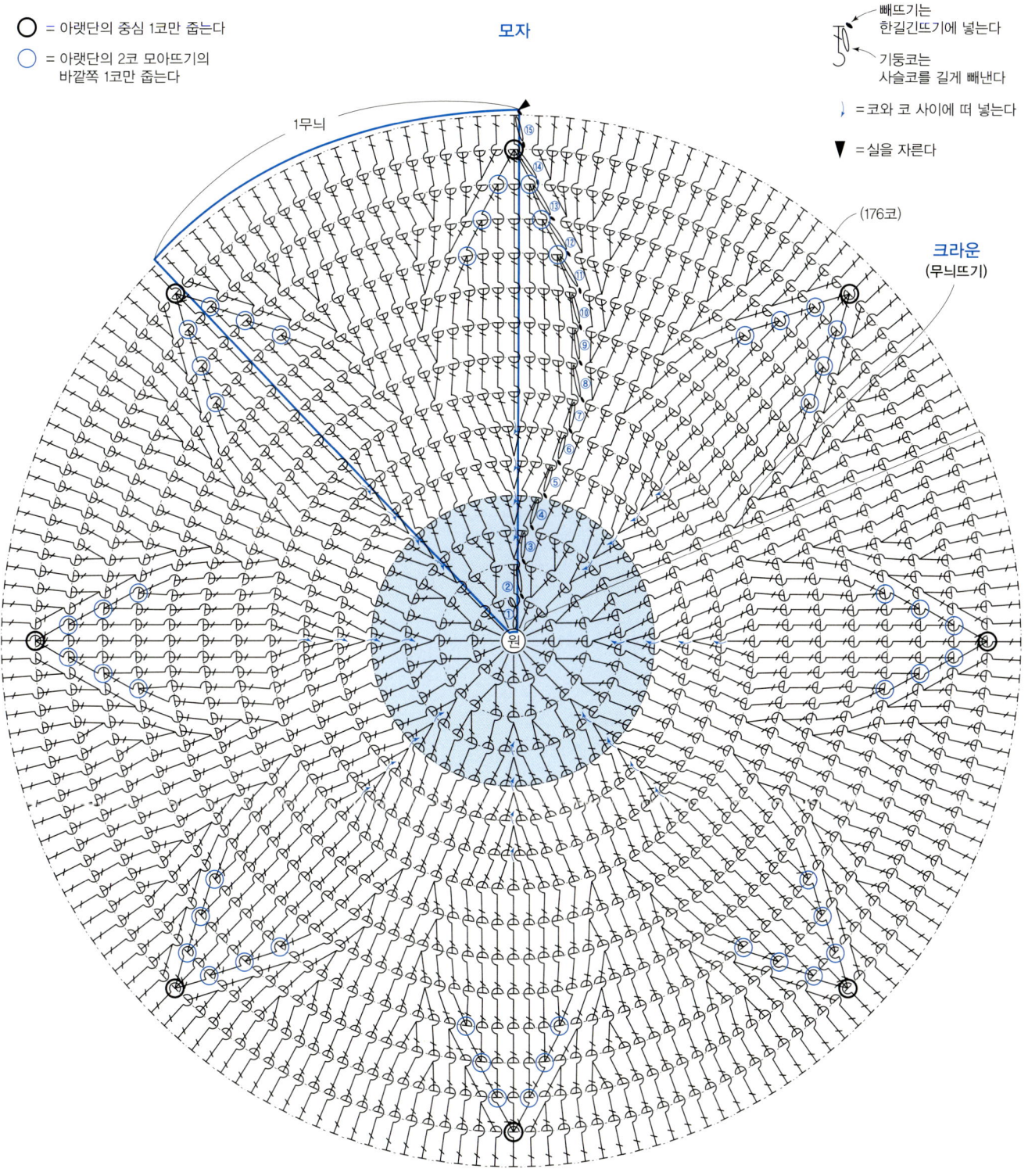

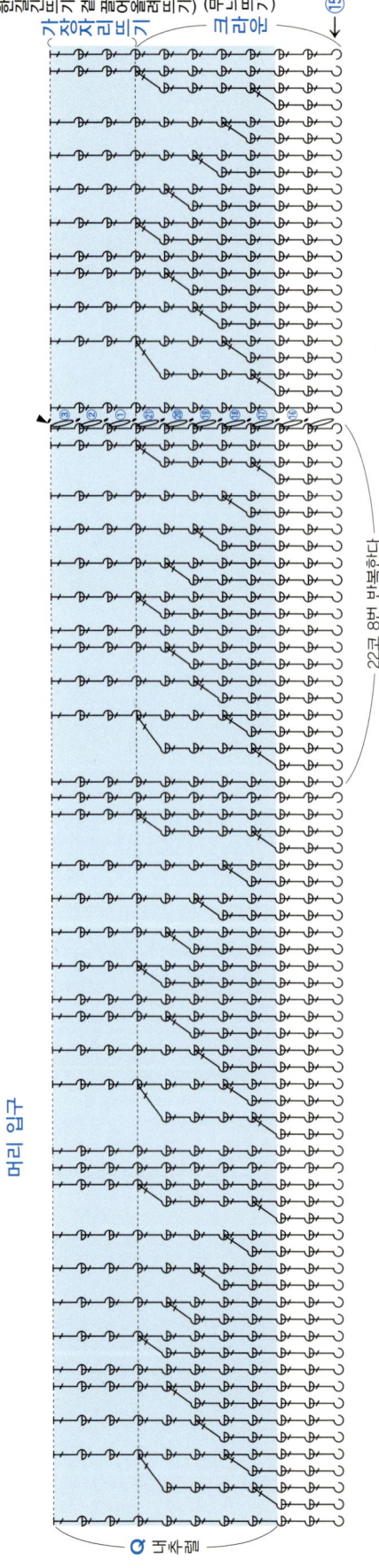

U, V

Photo … p.28

* **준비물**

U : 하마나카 에코안다리아 / 베이지(169)…80g,
하마나카 테크노로트(H204-593)…76cm, 하마나카 열 수축 튜브
(H204-605)…5cm, 7mm 너비 그로그랭 리본 / 그린…115cm

V : 하마나카 에코안다리아 / 그레이(148)…80g,
하마나카 테크노로트(H204-593)…76cm, 하마나카 열 수축 튜브
(H204-605)…5cm, 7mm 너비 그로그랭 리본 / 그레이…115cm

* **바늘**

코바늘 5/0호

* **완성 치수**

머리둘레 57cm, 높이 16cm

* **뜨는 방법**

※지정된 것 외에는 **U·V** 뜨는 방법 공통

1 윗면부터 뜬다. 실 끝을 원형으로 만들어, 짧은뜨기를 6코 떠 넣는다.

2 2단부터는 도안을 참고해서 짧은뜨기로 둥글게 15단 뜬다.

3 계속해서 옆면을 짧은뜨기로 뜨고, 11단에서 코를 늘려서 뜬다. 실을 쉬게 둔다.

4 지정 위치에서 챙을 무늬뜨기로 뜬다.

5 3에서 쉬게 둔 실로 테두리 둘레에 테크노로트를 감싸면서 가장자리뜨기를 한다.

6 옆면의 15단에 그로그랭 리본을 통과시켜 묶는다.

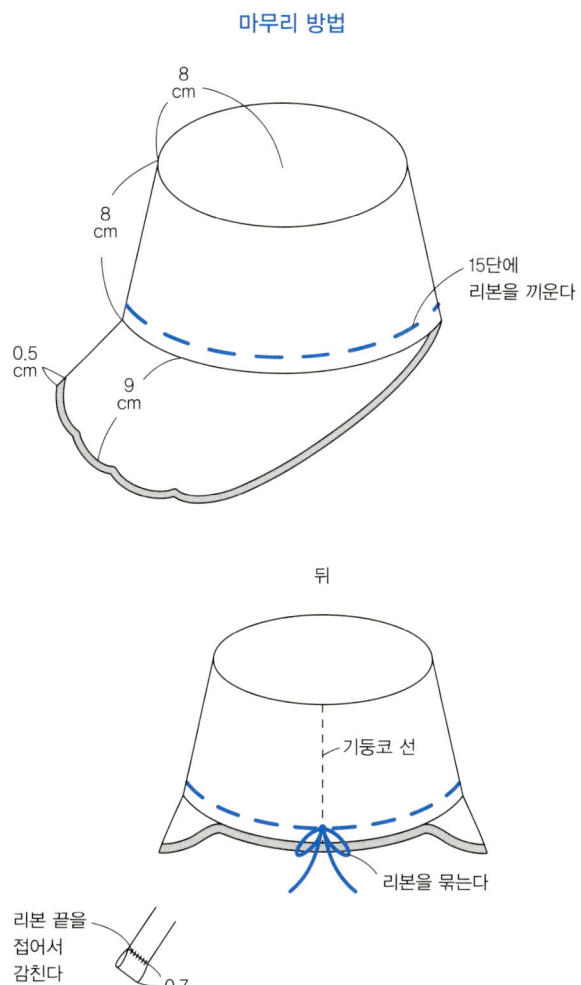

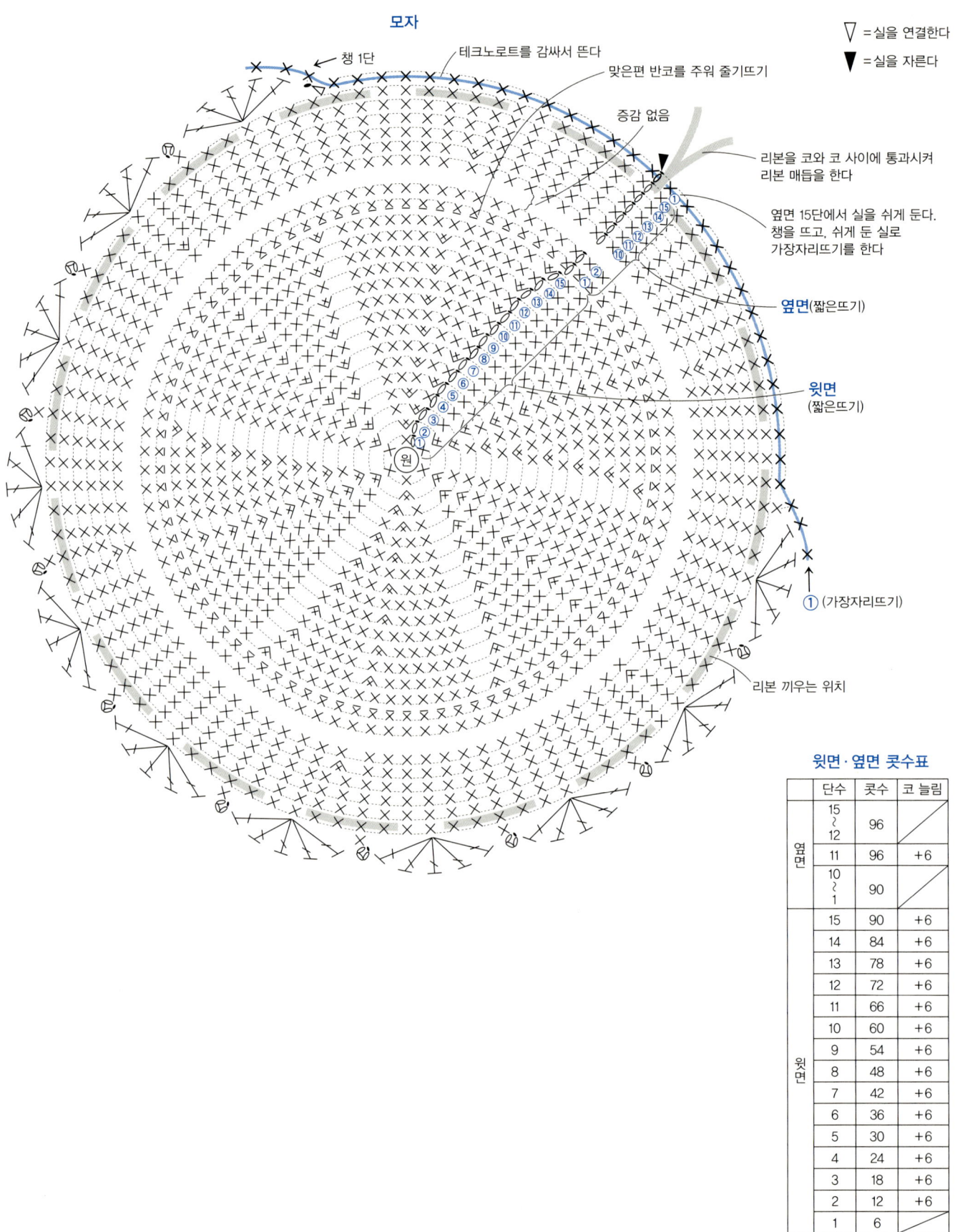

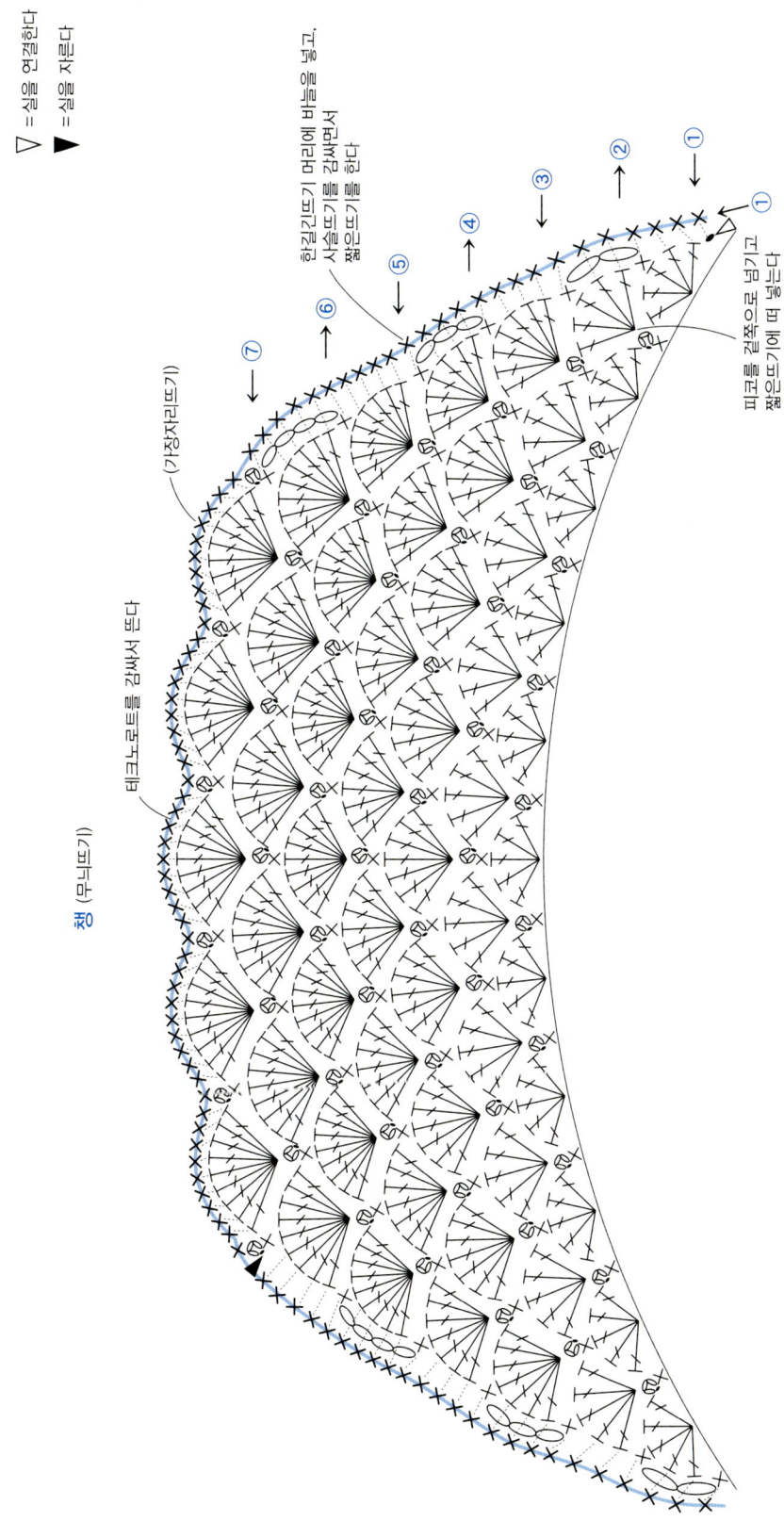

W, X

Photo ... p.30

* **준비물**
W : 하마나카 에코안다리아 / 카키(59)…100g
X : 하마나카 에코안다리아 / 네이비(57)…100g
* **바늘**
코바늘 4/0호, 5/0호, 6/0호
* **완성 치수**
머리둘레 56cm, 높이 16cm

* **뜨는 방법**
※지정된 것 외에는 **W·X** 뜨는 방법 공통
1 실 끝을 원형으로 만들어, 사슬 3코로 기둥코를 만들고 한길긴뜨기를 15코 떠 넣는다.
2 2단부터는 도안을 참고해서 무늬뜨기로 둥글게 크라운과 챙을 뜬다.
3 가장자리뜨기는 되돌아 짧은뜨기를 1단 뜬다.
4 사이즈 조절 끈을 뜬다. 사슬뜨기를 56cm(약 110코) 떠서 원형을 만들고, 크라운 13단의 안쪽에서 꿰맨다.

본체 콧수표

	단수	콧수	코 늘림
챙	8	224	+16
	7	208	+16
	6	192	+16
	5	176	+16
	4	160	+16
	3	144	+16
	2	128	+16
	1	112	+16
크라운	13〜7	96	/
	6	96	+16
	5	80	+16
	4	64	+16
	3	48	+16
	2	32	+16
	1	16	/

모자
원 안에 (16코) 떠 넣는다 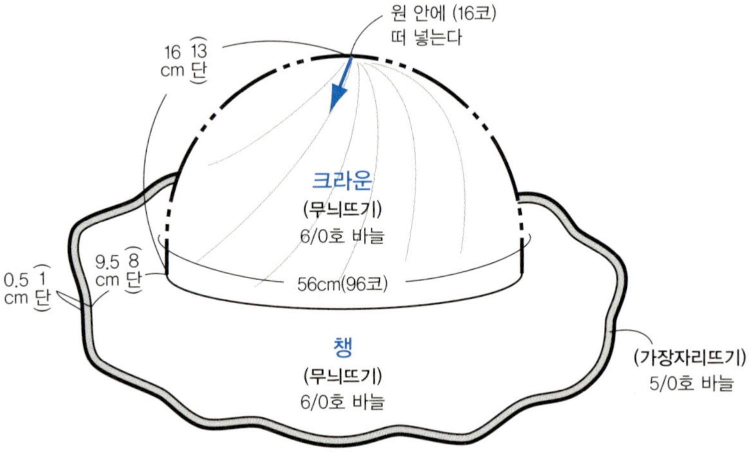
16cm 13단
크라운 (무늬뜨기) 6/0호 바늘
56cm(96코)
0.5cm 1단
9.5cm 8단
챙 (무늬뜨기) 6/0호 바늘
(가장자리뜨기) 5/0호 바늘

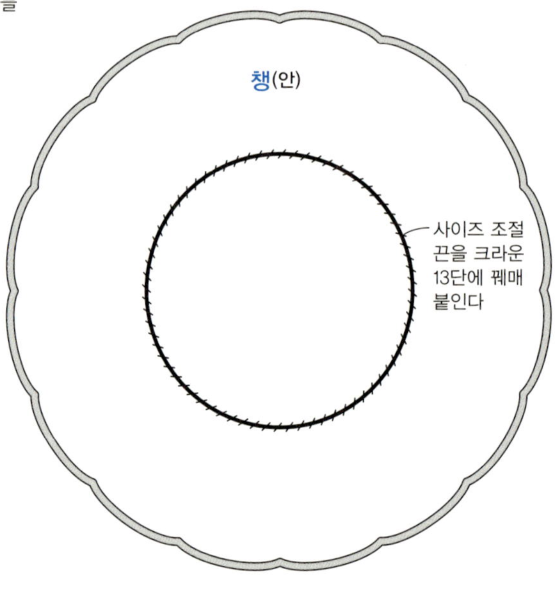

사이즈 조절 끈 1줄 4/0호 바늘 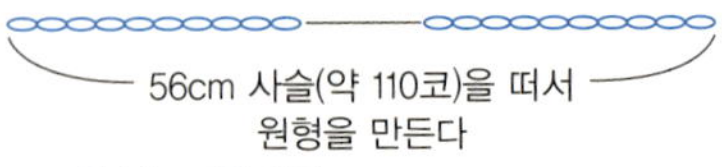
56cm 사슬(약 110코)을 떠서 원형을 만든다
※ 콧수는 기준이다

챙(안)
사이즈 조절 끈을 크라운 13단에 꿰매 붙인다

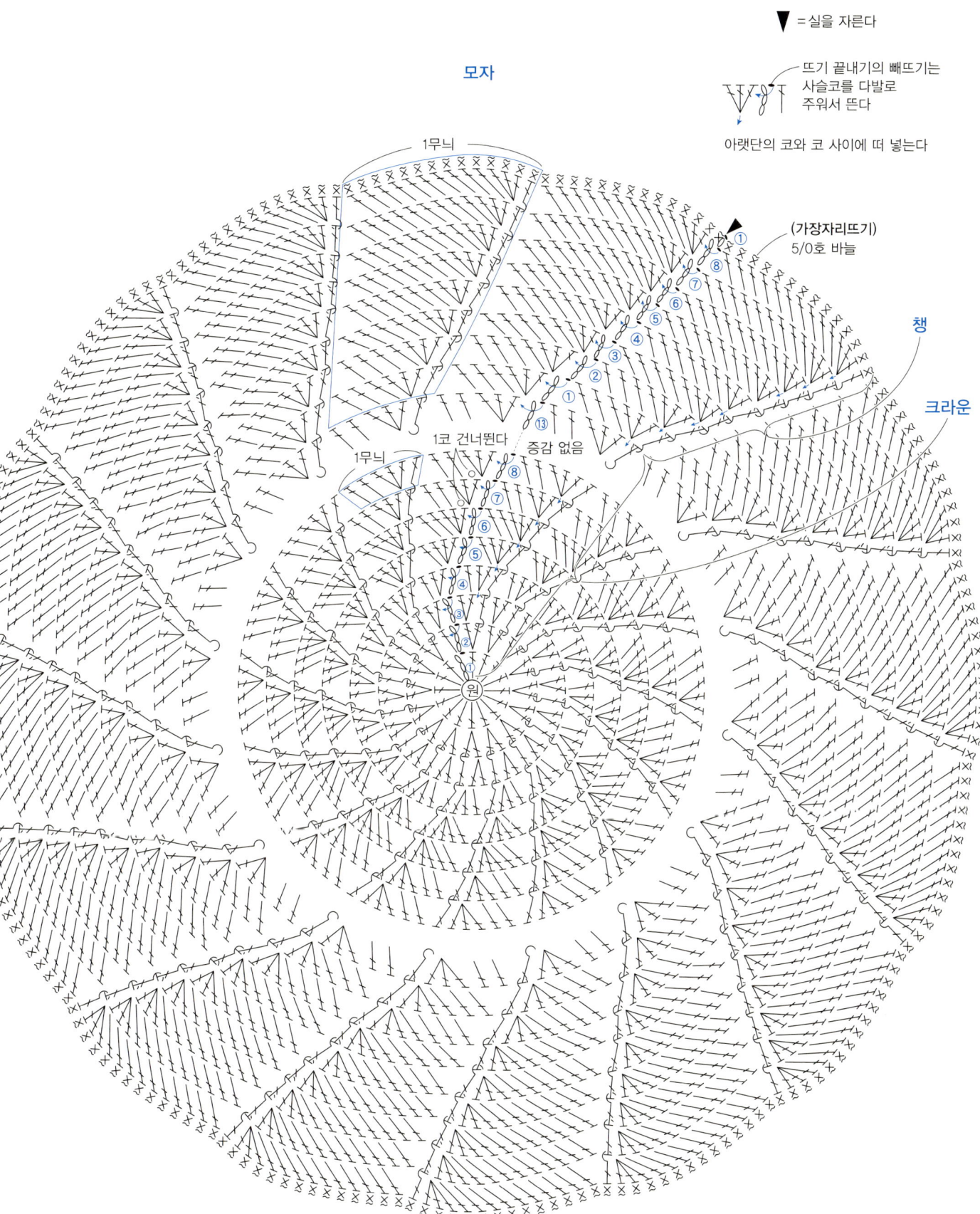

코바늘뜨기 기초

기호 도안 보는 방법

기호 도안은 모두 겉쪽에서 본 표시다. 코바늘뜨기는 겉코와 안코의 구별이 없고(기둥코 이외), 겉쪽과 안쪽을 교대로 보면서 떠가는 평뜨기에도 기호 표시는 동일하다.

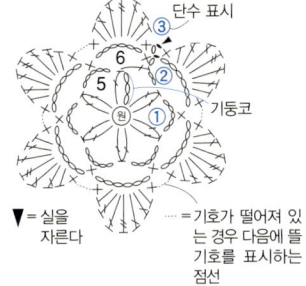

▼=실을 자른다
…=기호가 떨어져 있는 경우 다음에 뜰 기호를 표시하는 점선

중심에서 원형으로 뜨는 경우

중심에 원형(또는 사슬코)을 만들고, 1단씩 둥글게 뜬다. 각 단의 시작은 기둥코를 만든다. 기본적으로는 겉쪽을 보면서, 기호 도안을 오른쪽에서 왼쪽으로 떠 나간다.

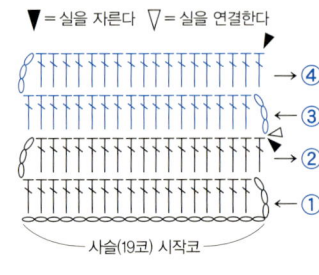

▼=실을 자른다 ▽=실을 연결한다

평뜨기의 경우

좌우에 기둥코가 오는 것이 특징으로, 오른쪽에 기둥코가 있을 때는 겉쪽을 보고 기호 도안을 오른쪽에서 왼쪽으로 보면서 뜬다. 왼쪽에 기둥코가 있을 때는 안쪽을 보고 기호 도안을 왼쪽에서 오른쪽으로 보고 떠가는 것이 기본. 그림은 3단에서 배색실로 바꾼 기호 도안.

실과 바늘 잡는 방법

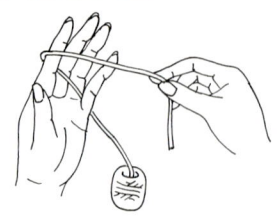

1 왼손 새끼손가락과 약지 사이로 실을 앞으로 빼내어 검지에 걸어 실 끝을 앞으로 오게 한다.

2 엄지와 중지로 실 끝을 잡고, 검지를 세워서 실을 팽팽하게 한다.

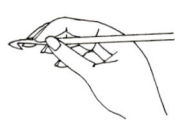

3 바늘은 엄지와 검지로 잡고, 바늘 끝에 중지를 가볍게 붙인다.

시작매듭 만드는 방법

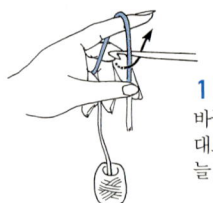

1 바늘을 실 맞은편에 대고 화살표처럼 바늘 끝을 회전한다.

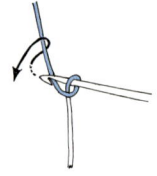

2 다시 바늘 끝에 실을 건다.

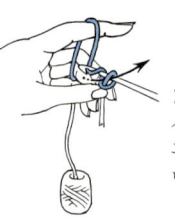

3 실을 고리 안으로 통과시켜 앞으로 빼낸다.

4 실 끝을 당겨 코를 조여서 시작매듭 완성(이 코는 1코로 세지 않는다).

시작코

중심에서 원형으로 뜰 때
(실 끝으로 원형을 만든다)

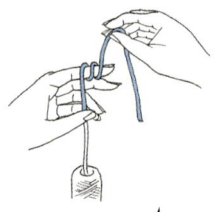

1 왼손 검지에 실을 2회 감아 고리를 만든다.

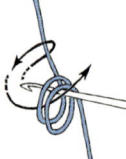

2 손가락에서 고리를 빼서 잡고, 고리 안에 바늘을 넣어 화살표처럼 실을 걸어 앞으로 빼낸다.

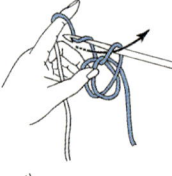

3 다시 바늘 끝에 실을 걸어 빼내, 기둥코 사슬을 만든다.

4 1단은 고리 안에 바늘을 넣어 필요한 콧수만큼 짧은뜨기를 한다.

5 바늘을 빼서 처음 고리의 실(1)과 실 끝을 당겨서 꽉 조인다(2).

6 1단 끝맺음은 처음 짧은뜨기의 머리에 바늘을 넣고 실을 걸어 빼낸다.

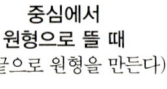

중심에서 원형으로 뜰 때
(사슬로 원형을 만든다)

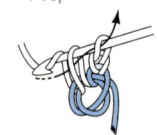

1 필요한 콧수의 사슬을 뜨고, 처음 사슬의 반코에 바늘을 넣어 빼낸다.

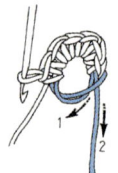

2 바늘 끝에 실을 걸어 빼낸다. 이것이 기둥코 사슬이 된다.

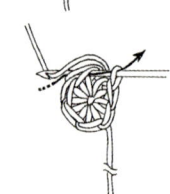

3 1단은 원 안에 바늘을 넣고, 사슬을 다발로 주워 필요한 콧수만큼 짧은뜨기를 한다.

4 1단 끝맺음은 처음 짧은뜨기 머리에 바늘을 넣고, 실을 걸어 빼낸다.

평뜨기할 때

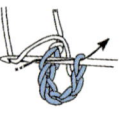

1 필요한 콧수의 사슬과 기둥코 분량의 사슬을 뜨고, 끝에서 두 번째 사슬에 바늘을 넣어 실을 걸어 빼낸다.

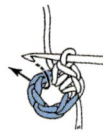

2 바늘 끝에 실을 걸고, 화살표처럼 실을 빼낸다.

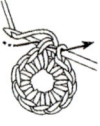

3 1단을 뜬 모습(기둥코의 사슬 1코는 1코로 세지 않는다).

사슬의 코 보는 방법

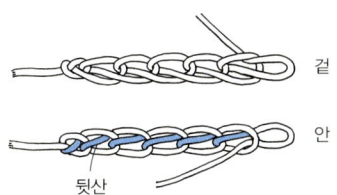

사슬의 코에는 겉과 안이 있다. 안쪽 중앙에 1가닥 나와 있는 부분을 사슬의 '뒷산'이라고 한다.

아랫단의 코 줍는 방법

↓ 1코에 넣어 뜬다   ↑ 사슬뜨기를 다발로 주워 뜬다

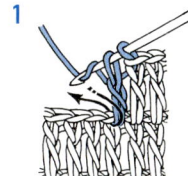   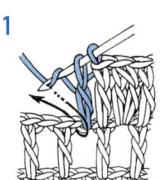 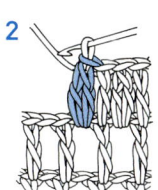

같은 구슬뜨기라도 기호에 따라 코를 줍는 방법이 다르다. 기호 아래가 막혀 있을 때는 아랫단의 1코에 넣어 뜨고, 열려 있을 때는 아랫단의 사슬뜨기를 다발로 주워 뜬다.

코바늘 기호

◯ 사슬뜨기

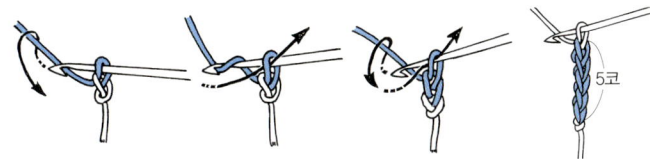

1 시작매듭을 만들고, '바늘 끝에 실을 건다'.
2 걸린 실을 빼내 사슬코 완성.
3 1의 ' ' 안의 과정과 2를 계속 반복해서 뜬다.
4 사슬뜨기 5코 완성.

● 빼뜨기

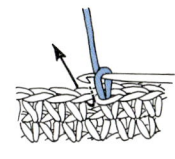 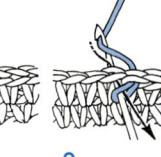 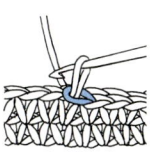

1 아랫단의 코에 바늘을 넣는다.
2 바늘 끝에 실을 건다.
3 실을 한 번에 빼낸다.
4 빼뜨기 1코 완성.

✕ 짧은뜨기

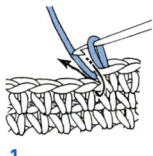 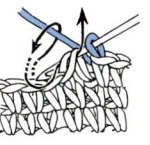 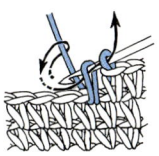 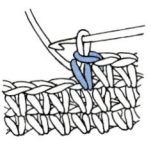

1 아랫단 코에 바늘을 넣는다.
2 바늘 끝에 실을 걸어 고리를 앞으로 빼낸다(빼낸 상태를 미완성 짧은뜨기라고 한다).
3 다시 한번 바늘 끝에 실을 걸고 2개 고리를 한 번에 빼낸다.
4 짧은뜨기 1코 완성.

⊤ 긴뜨기

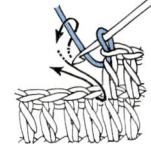 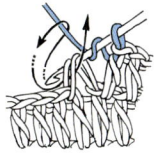 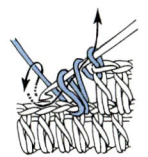 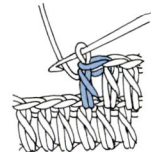

1 바늘 끝에 실을 걸고 아랫단의 코에 바늘을 넣는다.
2 다시 바늘 끝에 실을 걸고 앞으로 빼낸다(빼낸 상태를 미완성 긴뜨기라고 한다).
3 바늘 끝에 실을 걸어서 3개 고리를 한 번에 빼낸다.
4 긴뜨기 1코 완성.

⊥ 한길긴뜨기

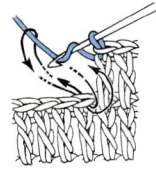 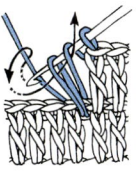 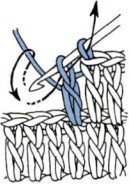 

1 바늘 끝에 실을 걸어 아랫단의 코에 바늘을 넣은 후 다시 실을 걸어 앞으로 빼낸다.
2 화살표처럼 바늘 끝에 실을 걸어 2개 고리를 빼낸다(빼낸 상태를 미완성 한길긴뜨기라고 한다).
3 다시 한번 바늘 끝에 실을 걸어 남은 2개 고리를 빼낸다.
4 한길긴뜨기 1코 완성.

⊥ 두길긴뜨기

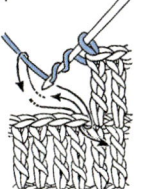 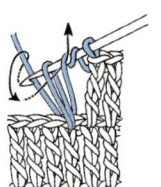 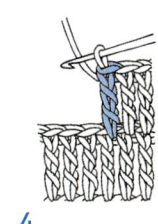

1 바늘 끝에 실을 2번 감아 아랫단에 바늘을 넣고, 다시 실을 걸어 앞으로 빼낸다.
2 화살표처럼 바늘 끝에 실을 걸어 2개 고리를 빼낸다.
3 같은 동작을 2회 반복한다. ※1회가 끝난 시점의 상태를 미완성 두길긴뜨기라고 한다.
4 두길긴뜨기 1코 완성.

╳ 짧은뜨기 2코 늘려뜨기

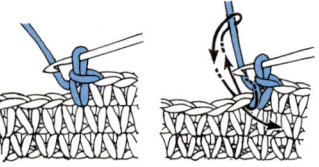

1 짧은뜨기 1코를 뜬다.
2 같은 코에 바늘을 넣어 고리를 빼내서 짧은뜨기한다.
3 짧은뜨기를 2코 뜬 모습. 같은 코에 다시 1코 짧은뜨기한다.
4 아랫단의 1코에 짧은뜨기를 3코 뜬 모습. 아랫단보다 2코 늘어난 상태.

╳ 짧은뜨기 3코 늘려뜨기

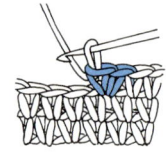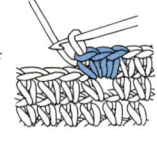

╳ 짧은뜨기 2코 모아뜨기

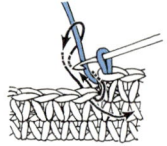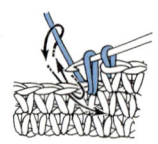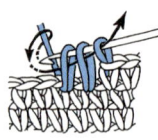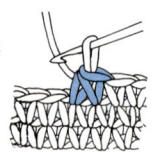

1 아랫단의 코에 화살표처럼 바늘을 넣고, 고리를 빼낸다.
2 다음 코에서도 같은 방법으로 고리를 빼낸다.
3 바늘 끝에 실을 걸고, 화살표처럼 3개 고리를 한 번에 빼낸다.
4 짧은뜨기 2코 모아뜨기 완성. 아랫단보다 1코 줄어든 상태.

⊤ 한길긴뜨기 2코 늘려뜨기

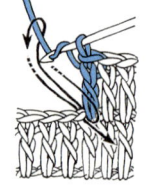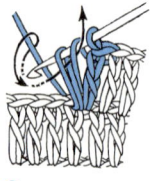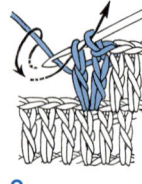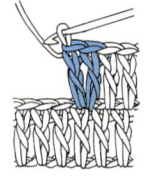

1 한길긴뜨기를 1코 뜬다. 바늘 끝에 실을 걸고, 같은 코에 바늘을 넣어 실을 걸고 빼낸다.
2 바늘 끝에 실을 걸어 2개 고리를 빼낸다.
3 다시 한번 바늘 끝에 실을 걸어 남은 2개 고리를 빼낸다.
4 1코에 한길긴뜨기를 2코 떠 넣은 모습. 아랫단보다 1코 늘어난 상태.

※콧수가 2코 외나 한길긴뜨기 외의 경우도 같은 요령으로 아랫단의 1코에 지정 기호를 지정 콧수로 떠 넣는다

⋏ 한길긴뜨기 2코 모아뜨기

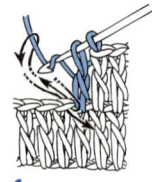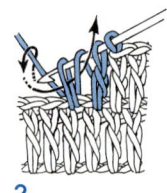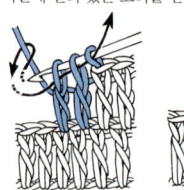

1 아랫단의 1코에 미완성 한길긴뜨기(p.61) 1코를 뜨고, 바늘 끝에 실을 걸어 다음 코에 화살표처럼 바늘을 넣고 실을 걸어 뺀다.
2 바늘 끝에 실을 걸어 2개 고리를 빼내어, 2코째 미완성 한길긴뜨기를 한다.
3 바늘 끝에 실을 걸고, 화살표처럼 3개 고리를 한 번에 빼낸다.
4 한길긴뜨기 2코 모아뜨기 완성. 아랫단보다 1코 줄어든 상태.

※콧수가 2코 외나 한길긴뜨기 외의 경우도 같은 요령으로 지정 미완성 기호를 지정 콧수로 뜨고, 바늘 끝에 실을 걸어 바늘에 걸려 있는 고리를 한 번에 빼낸다

사슬 3코 빼뜨기 피코

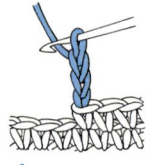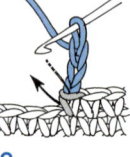

1 사슬 3코를 뜬다.
2 짧은뜨기 머리 반 코와 다리 1가닥에 바늘을 넣는다.
3 바늘 끝에 실을 걸고, 화살표처럼 한 번에 빼낸다.
4 사슬 3코 빼뜨기 피코 완성.

※콧수가 3코 외인 경우도 1에서 지정 콧수를 뜨고 같은 요령으로 빼낸다

한길긴뜨기 3코 구슬뜨기

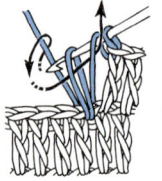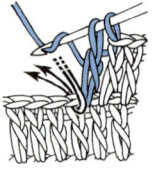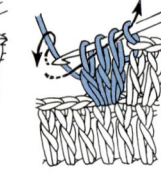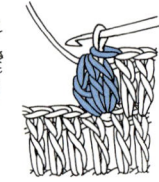

1 아랫단의 코에 미완성 한길긴뜨기(p.61)를 1코 뜬다.
2 같은 코에 바늘을 넣고, 미완성 한길긴뜨기를 연속 2코 뜬다.
3 바늘 끝에 실을 걸고, 바늘에 걸려 있는 4개 고리를 한 번에 빼낸다.
4 한길긴뜨기 3코 구슬뜨기 완성.

※콧수가 3코 외나 한길긴뜨기 외의 경우도, 같은 요령으로 아랫단의 1코에 미완성 지정 기호를 지정 콧수로 뜨고, 3에서처럼 바늘에 걸려 있는 고리를 한 번에 뺀다

한길긴뜨기 5코 팝콘뜨기

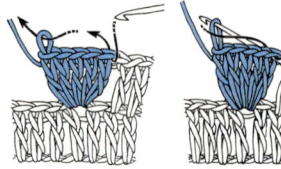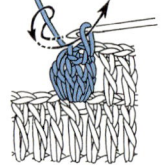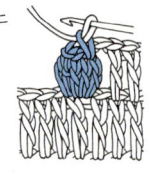

1 아랫단의 같은 코에 한길긴뜨기를 5코 뜨고, 바늘을 빼서 화살표처럼 첫 한길긴뜨기 머리와 고리에 바늘을 다시 넣는다.
2 고리를 그대로 앞으로 빼낸다.
3 다시 사슬뜨기를 1코 뜨고 단단히 조인다.
4 한길긴뜨기 5코 팝콘뜨기 완성.

※콧수가 5코 외인 경우도 1에서 지정 콧수를 뜨고 같은 요령으로 빼낸다

긴뜨기 3코 변형 구슬뜨기

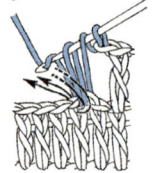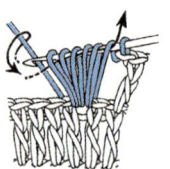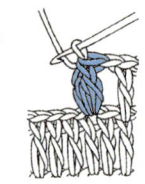

1 아랫단의 코에 바늘을 넣고 미완성 긴뜨기를 3코 뜬다.
2 바늘 끝에 실을 걸고, 화살표처럼 6개의 고리를 빼낸다.
3 다시 바늘 끝에 실을 걸어 남은 코를 한 번에 빼낸다.
4 긴뜨기 3코 변형 구슬뜨기 완성.

✕ 짧은뜨기 줄기뜨기

※짧은뜨기 외 기호의 줄기뜨기도 같은 요령으로 아랫단 맞은편 반코를 주워 지정 기호를 뜬다

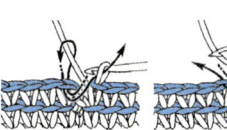  

1 각 단 겉쪽을 보고 뜬다. 짧은뜨기로 1단을 둥글게 뜨고 처음 코에 빼뜨기한다.

2 기둥코로 사슬 1코를 뜨고, 아랫단의 맞은편 반코를 주워 짧은뜨기한다.

3 2의 요령을 같은 방법으로 반복해 짧은뜨기한다.

4 아랫단의 앞쪽 반코가 줄기처럼 남는다. 짧은뜨기 줄기뜨기 3단을 뜨는 모습.

✕ 짧은뜨기 이랑뜨기

※짧은뜨기 외 기호의 이랑뜨기도 같은 요령으로 아랫단 맞은편 반코를 주워 지정 기호를 뜬다

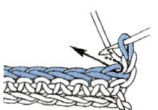 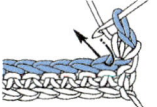 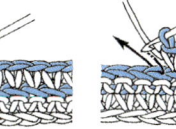 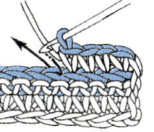

1 아랫단의 코 맞은편 반코에 화살표처럼 바늘을 넣는다.

2 짧은뜨기를 하고, 다음 코도 같은 방법으로 맞은편 반코에 바늘을 넣는다.

3 끝까지 뜨면 편물의 방향을 돌려 바꾼다.

4 1·2와 같은 방법으로 맞은편 반코에 바늘을 넣어 짧은뜨기를 한다.

한길긴뜨기 겉 끌어올려뜨기

※한길긴뜨기 외 기호의 경우도 같은 요령으로 1의 화살표처럼 바늘을 넣고, 지정 기호를 뜬다
※왕복뜨기에서 안을 보고 뜨는 경우는 안 끌어올려뜨기를 한다

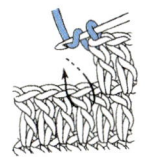 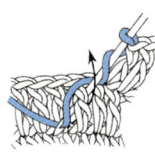 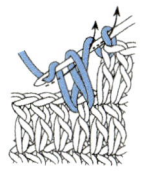 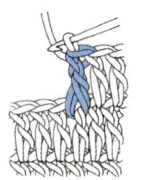

1 바늘에 실을 걸고 아랫단의 한길긴뜨기 다리에 화살표처럼 겉쪽에서 바늘을 넣는다.

2 바늘 끝에 실을 걸어 길게 실을 끌어낸다.

3 다시 한번 바늘에 실을 걸어 2개 고리를 빼낸다. 이를 한 번 더 반복한다.

4 한길긴뜨기 겉 끌어올려뜨기 1코 완성.

한길긴뜨기 안 끌어올려뜨기

※한길긴뜨기 외 기호의 경우도 같은 요령으로 1의 화살표처럼 바늘을 넣고, 지정 기호를 뜬다
※왕복뜨기에서 안을 보고 뜨는 경우는 겉 끌어올려뜨기를 한다

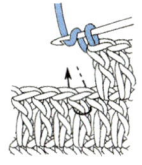 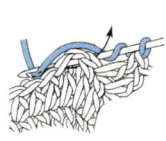 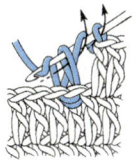 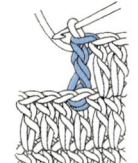

1 바늘에 실을 걸고 아랫단의 한길긴뜨기 다리에 화살표처럼 안쪽에서 바늘을 넣는다.

2 바늘 끝에 실을 걸어 화살표처럼 편물의 맞은편으로 빼낸다.

3 길게 실을 끌어내 다시 한번 바늘 끝에 실을 걸고 2개 고리를 빼낸다. 이를 한 번 더 반복한다.

4 한길긴뜨기 안 끌어올려뜨기 완성.

감침질

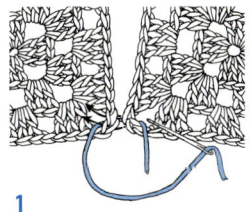 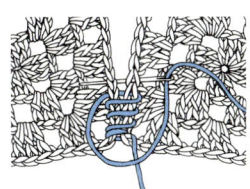 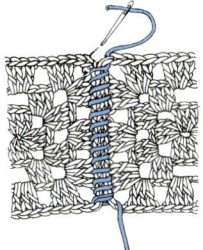 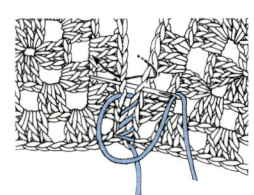

1 편물의 겉면끼리 맞대고, 코의 머리 실 2가닥을 주워 실을 당긴다. 꿰매기 시작과 끝내기 코는 2회 주워 꿰맨다.

2 1코씩 주워서 꿰맨다.

끝까지 감친 모습.

반코 주워 잇는 방법
편물의 겉면끼리 맞대고, 겉쪽 반코(코의 머리 실 1가닥)를 떠서 실을 당긴다. 꿰매기 시작과 끝내기 코는 2회 주워 꿰맨다.

빼뜨기로 잇기

※빼뜨기 외 기호의 경우도 같은 요령으로, 2장에 같이 바늘을 넣어 지정 기호를 뜬다

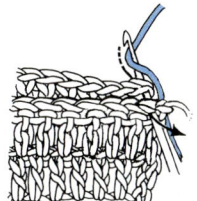 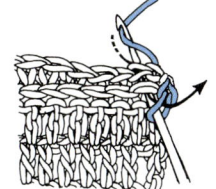 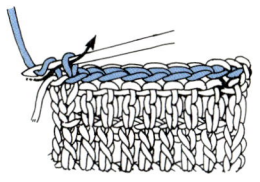

1 2장의 편물을 겉끼리 안으로 들어가도록 맞추고(또는 겉끼리 밖으로 맞추고), 끝코에 바늘을 넣어 실을 빼내고, 다시 바늘에 실을 걸어 빼낸다.

2 다음 코에 바늘을 넣고 실을 걸어 빼낸다. 이것을 반복해서 1코 1코 빼내어 잇는다.

3 잇기 마무리는 바늘에 실을 걸어 빼낸 뒤 실을 자른다.

그 외 기초 index

* 테크노로트 감아서 뜨는 방법   p.4
* 배색실 바꾸는 방법   p.5

ECO ANDARIYADE AMU SUTEKI MOYO NO CROCHER HAT by Apple mints
ⓒ Apple mints 2020, Printed in Japan
Korean translation copyright ⓒ 2021 by Iaso Publishing Co.
First published in Japan by Apple mints
Korean translation rights arranged with E&G CREATES through Imprima Korea Agency.

이 책의 한국어판 저작권은 Imprima Korea Agency를 통한 E&G CREATES와 독점 계약으로 이아소에 있습니다.
저작권법에 의해 한국 내에서 보호를 받는 저작물이므로 무단 전재와 무단 복제를 금합니다.

옮긴이 혜원

대학에서 일본어 및 일본 문학을 전공했으며, 다양한 일본어 책을 소개하고 번역하는 일을 하고 있다.
옮긴 책으로는 《고양이 언어도 통역이 되나옹?》, 《듣기는 어떻게 삶의 무기가 되는가》, 《유감스러운 생물, 수컷》, 《세상에서 가장 친절한 대바늘뜨기 교과서》, 《세상에서 가장 친절한 코바늘뜨기 교과서》, 《세상에서 가장 쉬운 재봉틀 교과서》, 《여름 손뜨개》, 《겨울 손뜨개》 등이 있다.

에코안다리아로 뜨는
여름 손뜨개 모자

초판 1쇄 발행 2021년 8월 1일

지은이 애플민트
옮긴이 혜원
펴낸이 명혜정
펴낸곳 도서출판 이아소
디자인 레프트로드
교 열 정수완

등록번호 제311-2004-00014호
등록일자 2004년 4월 22일
주소 04002 서울시 마포구 월드컵북로5나길 18 1012호
전화 (02)337-0446 **팩스** (02)337-0402

책값은 뒤표지에 있습니다.
ISBN 979-11-87113-50-8 13590

도서출판 이아소는 독자 여러분의 의견을 소중하게 생각합니다.
E-mail: iasobook@gmail.com

* Point Lesson에서는 알기 쉽게 실의 색을 바꾸는 사진을 과정별로 해설하였습니다.
* 인쇄물인 관계로 실의 색상이 다소 다를 수 있습니다.
* 이 책에 게재된 작품은 가정에서 즐기는 용도로만 활용해주세요. 상업 목적의 복제는 일절 금하며, 어떤 경우에도 벼룩시장 등 온·오프라인으로 판매할 수 없습니다. 이 책의 복제와 전재, 부분 복사와 스캔을 하지 말아주세요.